Internationale Klimarahmenkonventionen und nationale Klimaschutzprogramme

Karl Heinz Lillich

Internationale Klimarahmenkonventionen und nationale Klimaschutzprogramme

Historie und Auswirkungen

Springer Vieweg

Karl Heinz Lillich
Darmstadt, Deutschland

ISBN 978-3-658-50028-3 ISBN 978-3-658-50029-0 (eBook)
https://doi.org/10.1007/978-3-658-50029-0

Die Deutsche Nationalbibliothek verzeichnet diese Publikation in der Deutschen Nationalbibliografie; detaillierte bibliografische Daten sind im Internet über https://portal.dnb.de abrufbar.

Springer Vieweg ist ein Imprint der eingetragenen Gesellschaft Springer Fachmedien Wiesbaden GmbH und ist ein Teil von Springer Nature.
Die Anschrift der Gesellschaft ist: Abraham-Lincoln-Str. 46, 65189 Wiesbaden, Germany

Eine feste Zielvorgabe ist sinnlos,
solang man die Realität ignoriert.

Vorwort

Der anthropogene Klimawandel ist ein zentrales Problem der menschlichen Gesellschaft und bildet folgerichtig einen Schwerpunkt des globalen politischen Handels. Zur Bewahrung einer heilen Umwelt wurden zahlreiche multilaterale Vereinbarungen getroffen, welche darauf abzielen, die durch die wachsende Industrialisierung bewirkten Schadstoffbelastungen zu neutralisieren. Das betrifft besonders die Treibhausgasemissionen, welche als die Ursache für die globale Erderwärmung erkannt wurden. In diesem Buch soll auf die Konventionen eingegangen werden, welche eine internationale Staatengemeinschaft zum Klimawandel beschlossenen hat. Dabei geht es um deren Entstehung, ihre Inhalte und die damit speziell bei der Minderung der Treibhausgase erreichten Resultate. Bei den Quellen wurde vorwiegend auf die Daten und Kommentare von politisch ausgerichteten Institutionen zugegriffen, da es anders gar nicht möglich gewesen wäre, den Umfang der Informationen zu bewältigen. Mein besonderer Dank gilt Herrn Dr. Daniel Fröhlich für seine Anregungen und Formulierungshilfen und meiner Frau Dipl.-Ing. Kathrin Breymann für Rat und Tat.

Darmstadt, Deutschland

Karl Heinz Lillich

Interessenkonflikt Der/die Autor*in hat keine für den Inhalt dieses Manuskripts relevanten Interessenkonflikte.

Prolog

Es gab in der Erdgeschichte immer Klimaveränderungen. In der langen Phase des gegenwärtigen känozoischen Eiszeitalters betrug die letzte Kaltzeit, während der fast ganz Europa mit einem dicken Eismantel bedeckt war, ungefähr 100.000 Jahre und endete etwa vor 12.000 Jahren. Danach begann eine, bis heute wirksame warmzeitliche Epoche, das sogenannten Holozän. Außer solchen langfristigen Klimaperioden gab es in den verschiedenen Erdteilen auch kürzere, im Wesentlichen durch die herrschenden Temperaturen empfundenen, kalten und warmen Klimaabschnitte. Ohne eine damals in Europa wirksame Warmphase hätte Hannibal im Jahr 218 v. Chr. die Alpen nicht mit Elefanten überqueren können und eine mittelalterliche Warmzeit gab es in Europa zwischen dem 9. und 13. Jahrhundert, danach eine Kleine Eiszeit, die bis etwa zum Beginn der Industrialisierung im 18. Jahrhundert dauerte, [1]. Ab dieser Zeit wurde der Mensch zum maßgebenden Faktor für das globale Ökosystem und die damit beginnende geochronologische Epoche wird als Anthropozän bezeichnet.

So gesehen wäre es zunächst nichts Außergewöhnliches, wenn in unserem Lebensraum jetzt die klimatischen Verhältnisse einer Warmzeit herrschten und sich das Temperaturgleichgewicht der Erde im Lauf von Jahrtausenden wieder verändern würde. Diese Normalität wurde aber durch anthropogene Einflussnahme gestört, im Zuge des technischen Fortschritts, insbesondere durch die Emission von Gasen, welche bei der Verbrennung fossiler Energieträger und bei Produktionsprozessen entstehen. Die durch diese bewirkte Veränderung der atmosphärischen Transparenz erzeugt den, zu einem anomalen Anstieg der Erdtemperatur führenden Treibhauseffekt. Dadurch findet ein, sonst Jahrtausende dauernder globaler Klimawandel, quasi im Zeitraffertempo statt.

In einem internationalen Verbund ist man bemüht, die Anomalie der globalen Erdtemperatur wenigstens zu begrenzen und damit den beschleunigten Klimawandel zu stoppen. An erster Stelle steht hier die Substitution fossiler Brennstoffe durch erneuerbare Energien oder Energieträger, bei deren Verwendung keine Treibhausgase anfallen. Das soll auch für zukünftig einzusetzende Technologien gelten. Außerdem werden die Menschen zu einer nachhaltigen, die natürlichen Ressourcen schonenden Lebensweise angehalten. Es hat sich eine aktive nationale und internationale Klimapolitik entwickelt, mit entsprechenden Verordnungen, Gesetzen und internationalen Konferenzen. Die mit den

Beschlüssen und Übereinkommen zum Klimaschutz gesetzten Ziele haben bisher nicht zu den erwarteten Erfolgen geführt, nicht zuletzt, weil nationale Interessen gegenüber denen einer internationalen Staatengemeinschaft überwogen. International gesehen sind die Menschen kaum bereit, zu Gunsten einer heilen Welt auf Wohlstand zu verzichten und diejenigen, die zu einem solchen drängen, werden mit der wachsenden Weltbevölkerung immer mehr. Neben allen Bemühungen um den Klimaschutz wird es unvermeidbar sein, dass sich die Menschheit resilient auf die Konsequenzen einer rasanten Klimaveränderung einstellt.

Die mit dem Klimawandel verbundenen Sachverhalte sind mannigfaltig. Nach Darlegung der Parameter, welche das meteorologische Klima im Wesentlichen bestimmen, werden die Treibhausgase und die von diesen bewirkten Veränderungen der atmosphärischen Strahlungsbilanz behandelt. Auf Basis dieser Grundlagen werden die mit den politischen Aktivitäten einer internationalen Staatengemeinschaft verfolgten Klimaschutzziele nachzuvollzogen, die damit verbundenen organisatorischen Aktivitäten aufgezeigt und der Inhalt, der dazu in Gang gesetzten Konventionen, analysiert. Daraus ergaben sich die bisher praktizierten Klimaschutzmaßnahmen, im Wesentlichen die Reduzierung der anthropogenen Treibhausgasemissionen, die in diesem Buch diskutiert sind. Hauptsächlich geht es darum, die realen Ergebnisse der völkerrechtsverbindlich getroffenen Vereinbarungen und gefassten Beschlüsse zu bewerten sowie die prognostizierten Entwicklungen der, den Klimawandel bestimmenden Indikatoren aufzuzeigen.

In den verwendeten Daten kann es, ob der Vielfalt solcher Angaben, den sich unterscheidenden Bestimmungsmethoden und einem zeitlich abweichenden Bezug, zu Differenzen zwischen verschiedenen Informationsquellen kommen, was aber ignoriert werden kann, wenn dies die Tendenz der Aussage nicht verfälscht.

Literatur

1. W. Behringer: Kulturgeschichte des Klimas, Verlag C.H. Beck, München

Inhaltsverzeichnis

Abbildungsverzeichnis

Tabellenverzeichnis

Klimawandel 1

1.1 Klimabegriff

Die Bezeichnung Klima entstammt dem Griechischen und bezog sich ursprünglich auf die Neigung der Erdachse gegen die Ebene ihrer Umlaufbahn um die Sonne. Klima beschreibt das über einen längeren Zeitraum gemittelte Wettergeschehen, das sich innerhalb eines begrenzten Gebiets in der unteren Atmosphäre, der Tropopause, abspielt.

Wetter ist gekennzeichnet durch das Zusammenwirken der meteorologischen Elemente, die das Wettergeschehen über einen Zeitraum von Tagen bis einigen Wochen bestimmen. Die Charakteristik einer örtlichen Wetterlage und eines kurzfristig vorherrschenden Wetterablaufs wird als Witterung bezeichnet, [1]. Dagegen werden als Klima die, mit den meteorologischen Parametern quantitativ zu charakterisierenden Zustände über einen längeren Zeitraum, dem als Normalperiode üblicherweise 30 Jahre zugrunde liegen, statistisch erfasst, [1]. Die Weltorganisation für Meteorologie (WMO) definiert Klima als Statistik des Wetters, also der Mittelung des physikalischen Zustands der Atmosphäre, bestimmt in kurzen Intervallen und innerhalb eines ausgewiesenen Gebiets über einen bestimmten Zeitraum, in welchem die Kenngrößen der verschiedenen klimatologischen Parameter mit ausreichender Genauigkeit erfasst werden können. Klimaparameter sind Temperaturen von Luft, Boden und Wasser, Luftdruck, Luftfeuchte, Luftbewegung (Windrichtung, Windstärke), Sonneneinstrahlung (Intensität, Dauer) Bewölkung und Niederschlag. Nach Kraus, [2], hat man das Klima als „den Zustand und die Entwicklung des Klimasystems charakteristisch für ein großes Zeitintervall, d. h. in einer statistischen Betrachtung über eine lange Zeit" zu verstehen.

Man unterscheidet verschiedene Klimate wie Höhen-, Stadt-, See- und Kontinentalklima und je nachdem, welche klimatologische Wirkungsfaktoren zugrunde gelegt werden, spricht man von Klimazonen. In Bezug auf Temperatur und Niederschlag unterscheidet man auf der Erde fünf Klimazonen, nämlich Polarzone, Subpolarzone, gemäßigte

K. H. Lillich, *Internationale Klimarahmenkonventionen und nationale Klimaschutzprogramme*, https://doi.org/10.1007/978-3-658-50029-0_1

Zone, die Tropen und die Subtropen. Man benutzt die Begriffe Mikro- und Makroklima. Im Alltag wird das meteorologische Klima im Allgemeinen auf das individuellen Behaglichkeitsempfinden reduziert, das im Wesentlichen von den herrschenden Temperaturen, in geringerem Umfang von dem Feuchtegehalt und der Schadstoffkonzentration der Umgebungsluft bestimmt wird.

1.2 Erdatmosphäre

Die Atmosphäre umschließt die Erde mit einer Lufthülle. Diese kann eingeteilt werden in

- die Troposphäre (bis ca. 7 km Höhe an den Polen und ca. 17 km am Äquator), begrenzt durch die Tropopause
- die Stratosphäre (bis ca. 50 km), begrenzt durch die Stratopause
- die Mesosphäre (bis ca. 80 km), mit ihrer Grenze Mesopause
- die Thermosphäre (bis ca. 800 km) und abschließend
- die Exosphäre, einem fließenden Übergang in den interplanetaren Raum.

Die Atmosphäre besteht aus einem Gasgemisch, das sich zu 78,1 Vol-% aus Stickstoff (N_2), zu 20,9 Vol-% aus Sauerstoff (O_2) und in sehr geringer Konzentration, aus Spurengasen wie Argon, Neon, Helium, Krypton und Xenon zusammensetzt, außerdem kann Wasserdampf enthalten sein. Die Anteile des Gasgemisches ändern sich nur geringfügig und bleiben, mit Ausnahme von Wasserdampf und Ozon, homogen verteilt. In der Regel kurzfristige und regionale Schwankungen können zum Beispiel als Folge von Vulkanausbrüchen auftreten. Die natürliche Zusammensetzung der Luft kann sich durch anthropogene Beimengungen wie Kohlendioxid, Stickstoffoxid, Schwefeldioxid und Methan verändern.

Neben gasförmigen Molekülen enthält die Luft auch feste und flüssige Bestandteile wie Staubpartikel und, als winzige, in der Luft schwebende feste und flüssige Partikel, Aerosole oder flüchtige organische Verbindungen. Eine wichtige Rolle für die Entstehung des Wetters spielt, neben der Sonneneinstrahlung, die in der Atmosphäre von 0 bis 4 Vol-% wechselnde Konzentration an Wasserdampf, [2–4]. Die Luft kann, besonders mit abnehmendem Druck als ideales Gas betrachtet werden, [5], für welches die Zustandsgleichung

$$P \cdot v = R \cdot T \tag{1.1}$$

gilt. In dieser Gleichung stehen P für Luftdruck [N/m^2], v für das spezifische Volumen [m^3/kg], als Kehrwert der Dichte ϱ [kg/m^3] und T für die Temperatur [K] sowie R für die jedem Gas eigentümliche Gaskonstante, welche für Luft $R_L = 287{,}1$ [J/kg K] beträgt. Diese Beziehung spielt in der Beschreibung des meteorologischen Klimas eine maßgebende Rolle.

Der Luftdruck P wird bestimmt durch die vom Erdboden bis zur Grenze der Atmosphäre reichende Gas Säule. Er verringert sich entsprechend mit zunehmender Höhe. Als einheitlicher Richtwert wurde, bezogen auf Meereshöhe und unter Zugrundelegung einer Normtemperatur von $t_N = 15$ °C eine Normatmosphärendruck von $P_N = 1{,}01325$ bar festgelegt (Internationale Standard Atmosphäre ISO 2533), womit sich dann aus Gl. (1.1) eine Normdichte der trockenen Luft von $\varrho_N = 1{,}225$ kg/m³ ergibt. Aus Gl. (1.1) ist zu entnehmen, dass sich aus zwei Zustandsgrößen die dritte ergibt.

Wie aus Abb. 1.1 zu entnehmen ist, findet zwischen Weltall/Atmosphäre/Erde ein Strahlungsaustausch statt, durch dessen Gleichmaß die Erderwärmung bestimmt wird. Die Sonne ist in dieser Energiebilanz eine unerschöpfliche Energiequelle, die wie ein Perpetuum Mobile wirkt, für das die Axiome der klassischen Thermodynamik außer Kraft gesetzt sind. Über ihre als Kugel gedachte Oberfläche erzeugt sie bei einer Temperatur von 5800 K einen extraterrestrischen Strahlungsfluss von $3{,}9 \cdot 10^{26}$ W. Diese von der Sonne kommende, senkrecht auf die Erdkontur einfallende Strahlung, bewirkt eine Strahlungs-

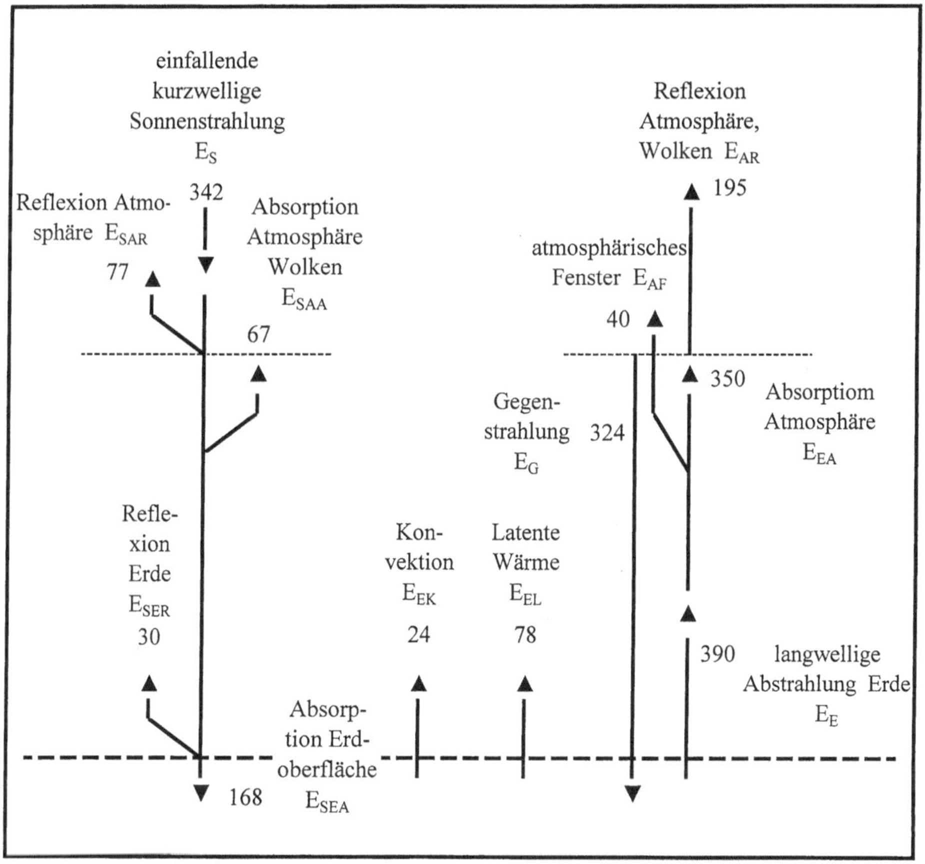

Abb. 1.1 Strahlungsbilanz Weltall/Atmosphäre/Erde, Zahlenangaben in W/m². (Daten: KHL [15])

dichte, die etwa zwischen 1.328 W/m² und 1.420 W/m² variiert, je nach Abstand zwischen Sonne und Erde, Sonnenaktivitäten und Bahnexzentrizität. Im Jahr 2015 wurde von der International Astronomical Union (IAU) eine allgemein gültige Solarkonstante von S = 1.361 W/m² festgelegt, [6]. Wenn man die wirksame Strahlungsleistung, anstatt auf deren Kontur auf die Oberfläche der Erdkugel bezieht, reduziert sich diese auf ein Viertel. Bei S = 1.368 W/m² beträgt dann die über die Atmosphäre wirksame Strahlung noch E_S = 342 W/m². Davon werden Anteile reflektiert und absorbiert, sodass davon nur noch etwa die Hälfte zur Erwärmung der Erde beiträgt.

1.3 Globale Erdtemperatur

Nicht nur für einen abgeschlossenen Raum, sondern auch für die Beurteilung der auf die Erde wirkenden atmosphärischen Zustandsveränderungen ist die Temperatur der maßgebende Parameter. Punktuelle Temperaturen lassen sich genau messen und damit, zum Beispiel für einen abgeschlossenen Raum, aus der Lufttemperatur und den Oberflächentemperaturen der Hülle, ein Mittelwert bilden. Wesentlich komplizierter wird die Bestimmung für einen nicht fest definierbaren Bereich, wie zum Beispiel die für ein geografisches Gebiet geltende Temperatur. Am einfachsten geht es noch mit der Messung der Lufttemperatur, die einheitlich bodennah, das heißt in 2 m Höhe erfolgt. Nachdem vorher der tägliche aus drei Messungen (7 Uhr, 14 Uhr und 21 Uhr doppelt) bestimmte Mittelwert galt, wird dieser seit dem 01.04.2001 aus den zu jeder vollen Stunde vorgenommen Messungen berechnet.

Mit der einheitlich gemessenen Lufttemperatur ist aber erst ein Parameter der meteorologischen Zustandsgrößen bekannt, über die eine komplexe globale Erdtemperatur definiert werden könnte, [1]. Daher bedient man sich der Rechenmodelle. Über die gesamte Erdoberfläche liegen punktuell Messungen über längere Zeiträume vor (Zeitreihen), womit sich eine globale Durchschnittstemperatur bestimmen lässt. Nachdem in diversen Klimazonen der Erde unterschiedlich und auch zeitlich differierend gemessen wird, ergeben sich für die jährlichen globalen Durchschnittstemperaturen und deren Abweichungen von einem, einer bestimmten Zeitperiode zugeordneten Mittelwert, nur annähernde Zahlenreihen. In Abb. 1.2 sind die monatlichen Durchschnittswerte für die Jahre 1820, 1920 und 2020 für Deutschland eingezeichnet. Im Wesentlichen sind deren Verläufe ähnlich, man kann aber einen tendenziellen Anstieg erkennen, [7].

International anerkannte Temperaturdatensätze gibt es von der National Aeronautics and Space Administration (NASA), der National Oceanic and Atmospheric Administration (NOAA) und dem Hadley Center des UK MetOffice. Auf der Grundlage dieser über eine längere Zeit vorgenommenen weltweiten Messungen gibt es verschiedene Angaben für die jährliche globale Durchschnittstemperatur und deren Abweichung vom Mittelwert einer vieljährigen Referenzperiode. Nach Ergebnissen der NASA betrug zum Beispiel die globale Erdtemperatur in der Referenzperiode 1951 bis 1980 im Mittel 14 °C +/− 0,5 °C. Da für Temperaturbestimmungen unterschiedliche Rechenmodelle und

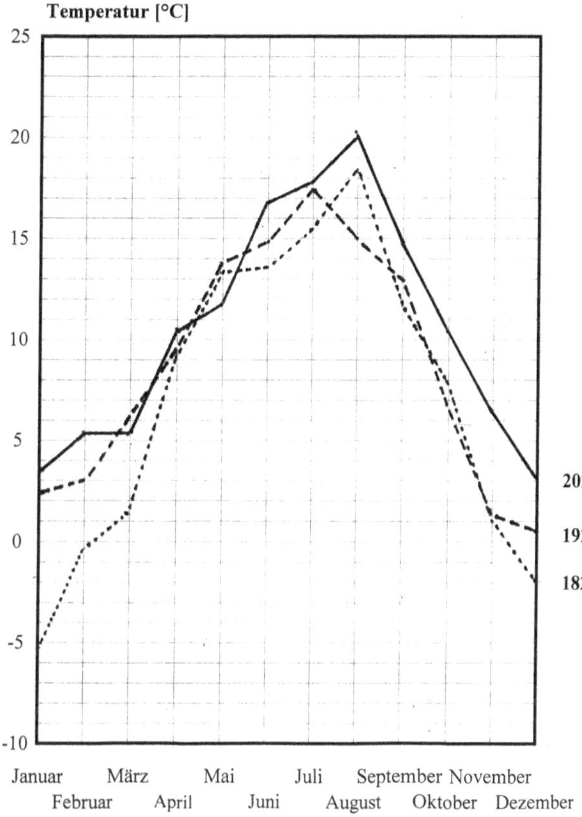

Abb. 1.2 Jahrhundertvergleich jährlicher Durchschnittstemperaturen. (Daten: Wikipedia [7])

Datensätze verwendet werden, ist die Angabe eines globalen Durchschnittswerts mit größeren Unsicherheiten behaftet. Für eine Beurteilung von Klimaveränderungen ist sie daher weniger geeignet, als die Abweichung der mittleren globalen Temperatur eines Jahres von einem Bezugswert, der sich aus einem zurückliegenden, längeren Zeitraum ergibt. Man stützt sich deshalb auf die Temperaturanomalie als klimatologischen Indikator zur Beurteilung, ob ein Jahr wärmer oder kühler war und bezieht sich auf eine klimatologische Referenzperiode, die in der Regel 30 Jahre umfasst. Die nach der Vorgabe der Weltorganisation für Meteorologie (WMO) bisher geltende, auf den Zeitraum 1961 bis 1990 bezogene, internationale Klimareferenzperiode wird jetzt durch eine, von 1991 bis 2020 dauernde Normalperiode ersetzt. In Abb. 1.3 sind die in den Jahren 1870 bis 2020 vom Durchschnittswert der Jahre 1850 bis 1900 aufgetretenen Abweichungen der globalen Lufttemperatur aufgetragen, [8]. Vor allem bezüglich der letzten Jahrzehnte zeigt sich eine deutliche, nahezu parabelähnliche Zunahme dieser Temperaturanomalie als signifikantes Zeichen einer fortschreitenden Erderwärmung. Im Vergleich zu 1850 bis 1900 betrug die von den Menschen induzierte Erderwärmung zwischen den Jahren 2014 bis 2023 im Durchschnitt 1,19 °C, mit 1,31 °C im Jahr 2023, [9]. Im folgenden Jahr

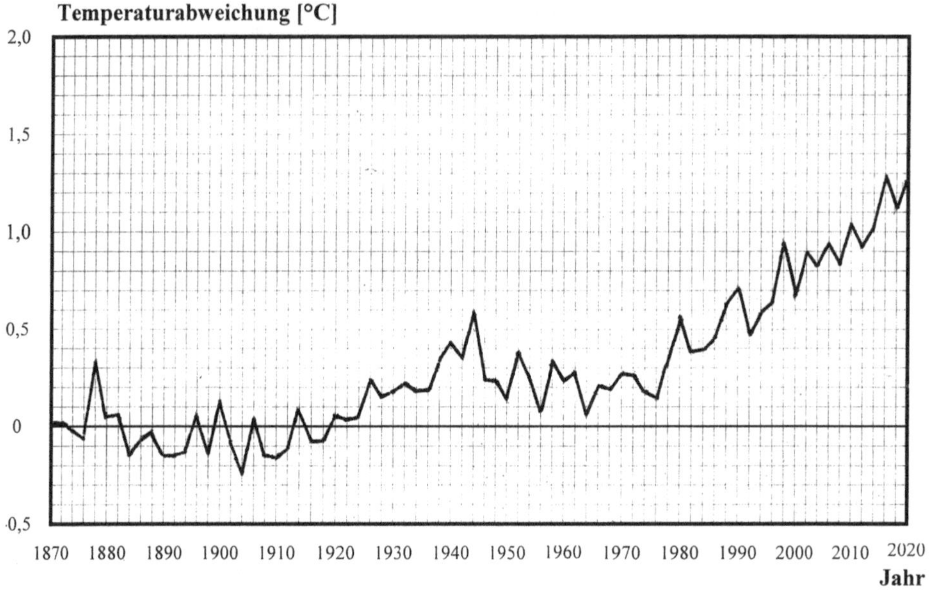

Abb. 1.3 Abweichung der globalen Lufttemperatur vom Durchschnittswert 1850–1900. (Daten: UBA [8])

wurde die 1,5-Grad-Grenze überschritten und die letzten zehn Jahre waren die wärmsten seit den bis 1850 zurückgehenden Wetteraufzeichnungen, [10]. Die anthropogene Erderwärmung nimmt immer rasanter zu.

1.4 Treibhauseffekt

Die Atmosphäre lässt die von der Sonne kommende kurzwellige UV-Strahlung weitgehend durch, ist für die langwellige Infrarotstrahlung, die von der Erdoberfläche und warmer Luft emittiert wird, jedoch weniger transparent. Dadurch erzeugt die Atmosphäre eine Strahlungsreflektion, die sich gegenüber der Erde als Wärmestau auswirkt. Dieser Vorgang ist vergleichbar mit dem Energieaustausch über die gläserne Hülle eines Gewächshauses, die genau diese Eigenschaft hat, für kurzwellige Sonnenstrahlung transparent zu sein, während sie für die im Inneren entstehenden langwelligen Infrarotstrahlung nahezu undurchlässig ist. Der Wärmeüberschuss kann nur per Leitung und Konvektion nach außen abgegeben werden, daher spricht man von einem Treibhauseffekt. Wieder bezogen auf die Atmosphäre wird unterschieden zwischen dem natürlichen Treibhauseffekt – durch dessen Wirkung sich Temperaturen auf der Erdoberfläche eingestellt hatten, die ein naturgerechtes Leben ermöglichen – und dem zusätzlichen anthropogenen Treibhauseffekt, durch den das vorherrschende Wärmegleichgewicht gestört wird. Bereits zu Beginn des 19. Jahrhunderts erkannte der französische Physiker Jean-Baptiste Fourier

(1768–1830), dass die Atmosphäre, wie eine Art Treibhaus, einen Teil der Sonneneinstrahlung zurückhält, [11].

1.5 Treibhausgase

Die Wirkung des Treibhauseffekts hängt von den Bestandteilen der im Gasgemisch der Atmosphäre vorhandenen sogenannten Treibhausgase wie Wasserdampf (H_2O), Ozon (O_3), Methan (CH_4), Lachgas (N_2O), Kohlendioxid (CO_2) und einer Vielzahl anderer Spurengase, wie Halogenwasserstoffe, chlor- und bromhaltige Substanzen, ab. Deren Wirksamkeit ergibt sich aus ihrer Konzentration. In trockener Luft zum Beispiel ist nicht Wasserdampf, das ansonsten stärkere Treibhausgas, sondern das reichlicher vorhandene Kohlendioxid von Bedeutung. Wenn die natürliche Konzentration der Treibhausgase gestört wird, kommt es zu einem Ungleichgewicht des Strahlungsaustausches. Die atmosphärische Lufthülle erwärmt sich, kann dadurch mehr Wasserdampf aufnehmen, und der Treibhauseffekt erhöht sich. Folge: ein weiterer Temperaturanstieg und, damit verbunden, fortschreitende Erderwärmung. Dies wird durch anthropogene Schadstoffemissionen beschleunigt, vor allem durch die Verwendung fossiler Brennstoffe, bei deren Verbrennung Kohlendioxid (CO_2) freigesetzt wird und durch das, besonders in der Landwirtschaft anfallende Methan (CH_4). Im Vergleich mit der vorindustriellen Zeit ist die CO_2-Konzentration in der Atmosphäre von etwa 280 ppm jetzt auf ungefähr 422 ppm angewachsen. In Abb. 1.4 sind sowohl der zeitliche Verlauf der atmosphärischen Treibhausgaskonzentration (TRGH) als auch der CO_2-Konzentration seit 1990 eingetragen. Beide nehmen, mit erkennbarer Krümmung nach oben, stetig zu. Während seit Beginn der Industrialisierung bis zum Basisjahr 1990, also in ungefähr drei Jahrhunderten, die atmosphärische CO_2-Konzentration etwa um 26 % zunahm, reichten anschließend etwa drei Jahrzehnte für die Verdoppelung auf fast 50 % aus. Seit 2004 werden die Analysen zu den Konzentrationen langlebiger Treibhausgase in der Atmosphäre in einem speziellen Bulletin veröffentlicht, [14]. Wenn man die Veränderung der CO_2-Konzentration mit der Temperaturabweichung in Bezug bringt, zeigt sich, dass Erstere Verursacher und Indikator für den Anstieg der globalen Erdtemperatur ist, [15].

Das Gleichgewicht zwischen der einfallenden Sonnenstrahlung und der von der Erde abgestrahlten Infrarotstrahlung wird beeinflusst durch die aktuelle Konzentration und die durchschnittliche Verweilzeit eines jeden Treibhausgases. Zur einheitlichen Betrachtung der Wirkung auf den Treibhauseffekt, bewertet man die verschiedenen Treibhausgase, indem deren Emissionsmenge mit einem Multiplikator in sogenannte CO_2-Äquivalente (Global Warming Potential – GWP) umgerechnet werden, [16]. Diese Äquivalente dienen als Maß dafür, welchen relativen Beitrag eine chemische Verbindung an der Wirkung des Treibhauseffekts über eine bestimmte Zeitdauer, in der Regel 100 Jahre, im Vergleich zu einer entsprechenden Menge CO_2 leistet. Für 1 kg Methan (CH_4) ist in einem Zeitraum von 100 Jahren die Wirkung auf den Treibhauseffekt 28-mal so stark wie die der gleichen Menge CO_2, für Distickstoffoxid (N_2O, Lachgas) gilt der Faktor 265. Eine Bewertung des Treibhauspotenzials der verschiedenen Gase ist im zweiten Sachstandsbericht des IPCC aus dem Jahr

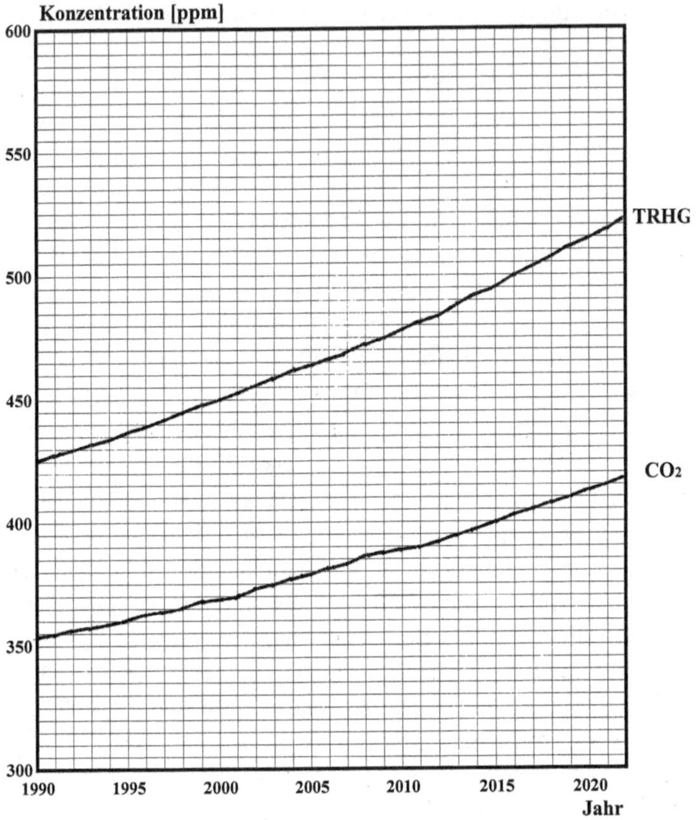

Abb. 1.4 Treibhausgaskonzentrationen. (Daten: Quaschning [12], UBA [13])

1995 enthalten [17, 18]. Zusätzlich müssen noch die unterschiedlichen Emissionsmengen berücksichtigt werden. Deshalb hat der massenhafte anthropogene Ausstoß von CO_2 die stärkste Auswirkung auf den Treibhauseffekt. Im Jahr 2023 betrugen in Deutschland, bezogen auf CO_2-Äquivalente, die Anteile an der Gesamtemission der Treibhausgase: 88,7 % Kohlendioxid, 6,7 % Methan, 3,2 % Distickoxid (Lachgas) und 1,4 % fluorierte Gase, [16]. Weltweit betrachtet weicht die Verteilung der zum Treibhauseffekt beitragenden Gase deutlich davon ab. Im Jahr 2022 betrugen die global gesehenen Emissionen: 63,9 % Kohlendioxid, 19,1 % Methan, 5,7 % Distickoxid (Lachgas) und 11,3 % fluorierte Gase, [13].

Literatur

1. DWD – Deutscher Wetterdienst-Glossar
2. H. Kraus: Die Atmosphäre der Erde, Springer Verlag Berlin, Heidelberg, New York
3. DWD – Deutscher Wetterdienst: Wetter und Klimalexikon

4. W. Roedel: Physik unserer Umwelt, Die Atmosphäre, Springer Verlag Berlin, Heidelberg, New York
5. F. Bosnjakovic: Technische Thermodynamik, 1. Teil, Verlag Theodor Steinkopff, Dresden, Leipzig
6. Wikipedia: Solarkonstante
7. Wikipedia: Zeitreihe der Lufttemperatur in Deutschland
8. UBA – Umweltbundesamt: Indikator: Globale Lufttemperatur
9. P. M. Forster et al.: Indicators of Global Climate Change 2023, Earth System Science Data Dresden, Leipzig
10. Copernicus Climate Change Service: Global Climate Highlights 2024
11. W. Behringer: Kulturgeschichte des Klimas, Verlag C.H. Beck, München
12. V. Quaschning: Erneuerbare Energien und Klimaschutz, HTW Berlin
13. UBA – Umweltbundesamt: Atmosphärische Treibhausgaskonzentrationen
14. WMO – World Meteorological Organization: WMO Greenhouse Gas Bulletin
15. K. H. Lillich: Eine Bilanz zum anthropogenen Klimawandel. Springer Vieweg Wiesbaden
16. Wikipedia: Treibhauspotentiale
17. IPCC: Second Assessment Climate change 1995
18. UBA – Umweltbundesamt: Treibhauspotentiale (Global Warming Potential – GWP)

Klimastrategie 2

2.1 Klimaziele im internationalen Kontext

Die Erkenntnis, dass der Klimawandel eine Folge der anthropogenen Belastung der Atmosphäre mit Treibhausgasen ist, führte zu weitreichenden Konsequenzen im politischen und gesellschaftlichen Handeln. Immerhin stellt die Atmosphäre ein globales öffentliches Gut dar, dessen Konsum den externen Effekt einer globalen Erwärmung zur Folge haben kann, [1]. Dabei richtete sich das Hauptaugenmerk auf die Begrenzung des Temperaturanstiegs durch die Verringerung des anthropogenen Ausstoßes von Treibhausgasen, an erster Stelle von Kohlendioxid CO_2, auf eine Menge, die durch natürliche Senken und Speicher oder technische Prozesse ausgeglichen werden kann und dann die Atmosphäre nicht mehr belastet. Durch eine, dadurch erreichte Klimaneutralität soll sich der Anstieg der Erdtemperatur auf einen Höchstwert begrenzen lassen.

Auf die Forderung, die Treibhausgasemissionen, vor allem jene von CO_2, drastisch zu senken, wurde national und international zwar zustimmend, ansonsten aber sehr unterschiedlich reagiert. Industriestaaten der westlichen Welt, welche mit den Produktions- und Handelsgeschäften, der Mobilität und dem gesellschaftlichen Wohlstandsanspruch die Umwelt am meisten belasteten, wollten durch die Finanzierung von Dekarbonisierung ihre wirtschaftliche Vormachtstellung nicht in Frage stellen. Die bevölkerungsstarken Schwellenländer waren vornehmlich am Ausbau ihrer Wirtschaftskraft interessiert und nahmen dabei nicht unbedingt Rücksicht auf Umweltprobleme. Das galt noch mehr für die nach Wohlstand drängenden Entwicklungsländer, die an der Umweltbelastung am wenigsten beteiligt waren, aber an den daraus resultierenden Katastrophen am meisten litten. Dies lässt sich unter anderem aus den Kritiken zu den UN-Klimakonferenzen der letzten Jahre bzw. des letzten Jahrzehnts ablesen. Eine besondere Rolle in den nationalen Zielsetzungen zur Reduzierung des Ausstoßes an Treibhausgasen spielen die jeweils bevor-

K. H. Lillich, *Internationale Klimarahmenkonventionen und nationale Klimaschutzprogramme*, https://doi.org/10.1007/978-3-658-50029-0_2

zugten Energiequellen, mit fossilen Brennstoffen (z. B. China), Kernkraft (z. B. Frankreich), erneuerbaren Energien, vorwiegend Windkraft und Photovoltaik (z. B. Deutschland).

Wie sich zeigt, sind die globalen Zielsetzungen zum Klimaschutz, zur Minderung des durch menschliches Handeln verursachten Klimawandels mannigfaltig und von nationalen Interessen geprägt. Eine Erfüllung der dazu von einer vereinten Staatengemeinschaft verabschiedeten Konventionen setzt voraus, dass damit eingegangene Verpflichtungen eingehalten werden und besonders die größten Treibhausgasemittenten, wie die USA und vor allem China den Klimaschutz in ihren Fokus nehmen. Es bleibt das Streben nach einer internationalen Klimapolitik, die es möglich macht, wirksame Strategien zur Bekämpfung des Klimawandels und Anpassung an diesen, zu realisieren.

2.2 Klimakonventionen

Als Start für die internationale Umweltpolitik kann ein 1972 in Stockholm mit 113 Staatsvertretungen von der UN veranstaltetes Treffen angesehen werden, bei dem mit der sogenannten Stockholmer Erklärung 26 Grundsätze als Prinzipien für Umweltschutz festgelegt wurden. Es markiert den Beginn eines Dialogs zwischen den Industrie- und Entwicklungsländern über das Zusammenwirken von Wirtschaftswachstum und Umweltverschmutzung unter Beachtung des Wohlergehens aller Menschen, [2]. Diese internationale Zusammenkunft war initiiert worden, weil der Club of Rome in der Veröffentlichung „The Limits to Growth“ [3] dargelegt hatte, dass durch die Zunahme der Weltbevölkerung, die Industrialisierung, die Umweltverschmutzung und Ausbeutung der natürlichen Ressourcen im Laufe der nächsten 100 Jahre die absoluten Wachstumsgrenzen der Erde erreicht würden. Ausgehend von der ursprünglichen Veröffentlichung ist die Hälfte dieser Zeitspanne bereits um.

Mit einem UN-Programm (United Nations Environment Programme – UNEP) wurden in einer auf Stockholm folgenden Konferenz in Nairobi Leitlinien für den Umweltschutz geschaffen. So sollten regionale Umweltschutzprogramme entstehen, um Entwicklungsländer zu unterstützen, [4].

Zudem schockierte eine Verteuerung des Erdöls im Jahr 1973 die Industrieländer. Neben der Nutzung von Kohle und Gas sowie dem Ausbau der Kernenergie begann die Suche nach alternativen Energiequellen, wie sie mit Windkraft und durch Sonnenstrahlung erneuerbar und praktisch unbegrenzt zur Verfügung standen. In der 1979 von der Weltorganisation für Meteorologie (WMO) in Genf abgehaltenen ersten Weltklimakonferenz (World Climate Conference – WCC) wurde ein Weltklimaprogramm (World Climate Programme – WCP) ausgerufen und erklärt, dass „die fortdauernde Ausrichtung der Menschheit auf fossile Brennstoffe als wichtigster Energiequelle wahrscheinlich zusammen mit der fortgesetzten Waldvernichtung in den kommenden Jahrzehnten und Jahrhunderten zu einem massiven Anstieg der atmosphärischen CO_2-Konzentration führen“ wird und eine gravierende langfristige Veränderung des globalen Klimas zur Folge haben könnte, [5]. In einem Bericht der Vereinten Nationen Weltkommission für Umwelt und Entwicklung, der sogenannten Brundtland-Kommission wurde 1987 das politische Leitprinzip für eine nachhaltige Entwicklung zukünftiger Handlungsweisen vorgegeben, [6, 7]. Nachdem außerdem die Gefährdung der Ozonschicht durch Fluorchlorkohlenwasserstoffe (FCKW) erkannt wurde, sind 1987 die UN-Staaten die Verpflichtung eingegangen, deren Produktion und Verbrauch schrittweise zu reduzieren (Montrealer Protokoll), [8].

Von der Weltorganisation für Meteorologie (WMO) und mit dem Umweltprogramm der Vereinten Nationen (UNEP) wurde 1988 ein zwischenstaatlicher Ausschuss für Klimaänderung, der Weltklimarat (Intergovernmental Panel on Climate Change – IPCC) gegründet, [9]. Im Jahr 1991 initiierten Industriestaaten einen, bei der Weltbank angesiedelten, internationalen Finanzierungsmechanismus (Global Environment Facility – GEF), um vom Klimawandel besonders betroffene Entwicklungsländer finanziell zu unterstützen.

In Rio de Janeiro fand 1992 eine, auch als „Erdgipfel" bezeichnete, Konferenz der Vereinten Nationen für Umwelt und Entwicklung (United Nations Conference on Environment and Development – UNCED) statt. Neben anderen umweltwirksamen Beschlüssen wurde von 154 Staaten eine ***Klimarahmenkonvention*** (United Nations Framework Convention on Climate Change – UNFCCC) verabschiedet, die 1994 in Kraft trat. Aktuell ist sie von 196 Vertragsparteien sowie der EU als regionale Staatenunion ratifiziert, [10]. Die in einer Anlage aufgeführten Vertragsparteien (Annex-Länder) verfolgen danach gemeinsam das Ziel „die Stabilisierung der Treibhausgaskonzentration in der Atmosphäre auf einem Niveau zu erreichen, auf dem eine gefährliche anthropogene Störung des Klimasystems verhindert wird". Das heißt, dass nur noch anthropogene Prozesse stattfinden, bei denen keine Treibhausgase ausgestoßen oder deren unvermeidbare Emissionen auf natürliche Weise oder durch technische Verfahren so neutralisiert werden, dass sie die Umwelt nicht belasten. Diese Klimaneutralität soll innerhalb eines Zeitraums erreicht werden, der ausreicht, damit sich die Ökosysteme anpassen können und sich die wirtschaftliche Entwicklung nachhaltig fortsetzen lässt. Die Vertragsparteien verpflichten sich, nationale Programme zu erarbeiten, mit Maßnahmen zur Abschwächung der Klimaänderung. Bei der Entwicklung von Technologien soll eng zusammengearbeitet werden. Von den in einer Anlage zum Konventionstext aufgeführten, sogenannten entwickelten Ländern (Annex-Staaten) wird eine Unterstützung der Schwellen- und Entwicklungsländer (Non-Annex-Staaten), zu denen hier auch China und Indien gezählt werden, abverlangt. Damit wurde eine maßgebende internationale vertragliche Vereinbarung für einen globalen Klimaschutz geschaffen, um, mit verbindlichen Zielen für die Reduzierung der Treibhausgasemissionsmengen, die Erderwärmung zu mindern und die Folgen des Klimawandels zu bewältigen. Neben der Mitigation sollen gleichzeitig Wege zur Adaption, also die Anpassung an den Klimawandel gefunden werden, [11]. Erstmalig erkannte damit eine internationale Staatengemeinschaft die Gefahren durch den Klimawandel für das ökologische Gleichgewicht des menschlichen Lebensraums und schuf, nach langjährigen Bemühungen, ein multilaterales Abkommen, [12–14]. Zur Überprüfung der Wirksamkeit der Klimakonvention findet seit 1995, mit Corona bedingter Unterbrechung im Jahr 2020, jährlich eine Klimakonferenz (United Nations Climate Change Conference – UNCCC) der inzwischen 198 Staaten statt, welche sich vertraglich an die UN-Klimarahmenkonvention gebunden haben (Conference of the Parties – COP), [15, 16]. Diese Zusammenkünfte bilden das oberste Gremium, welches unter Auswertung wissenschaftlicher Erkenntnisse sowie Berücksichtigung einschlägiger technischer, sozialer und wirtschaftlicher Belange, verbindliche Beschlüsse fasst. Basierend auf den Maximen der Klimarahmenkonvention wurden so auch die Grundlagen für das ***Kyoto-Protokoll*** (Kyoto Protocol), [17] und das ***Übereinkommen von Paris*** (Paris Agreement), [18] festgelegt.

Das erste Treffen des *Climate Vulnerable Forums* (CVF) fand im Jahr 2009 auf den Malediven statt. In diesem Forum haben sich Staaten zusammengeschlossen, welche besonders in Mitleidenschaft gezogen wurden durch die, mutmaßlich von den Industrieländern verursachten, Umweltbelastung. In einer gemeinsamen Erklärung verlangen sie von den Verursachern, besonders in Hinblick auf das mit dem Übereinkommen von Paris gesetzte 1,5-Grad-Ziel, mehr für den Klimaschutz zu tun und sie bei ihren Resilienzstrategien zu unterstützen, [19].

Im Rahmen des 2012 von der UN verkündeten Umweltprogramms (UNEP) wurde noch ein Weltbiodiversitätsrat (Intergovernmental Platform of Biodiversity and Ecosystem Services – IPBES) gegründet, in dessen Rahmen sich Wissenschaftler und multilaterale Regierungsvertreter mit den Folgen des Klimawandels auf die natürlichen Ökosysteme auseinandersetzen. Auf der 2022 in Montreal stattgefundenen Weltnaturkonferenz wurde dann eine globale Vereinbarung über die biologische Vielfalt (Convention on Biological Diversity – CBD) verabschiedet, als internationales Rechtsinstrument zur Erhaltung der biologischen Vielfalt sowie zur ausgewogenen und nachhaltigen Nutzung ihrer Bestandteile. Bis 2030 soll der Verlust der biologischen Vielfalt gestoppt und bis 2050 eine Welt erreicht werden, die im Gleichklang mit der Natur (Global Biodiversity Framework – GBF) steht, [20, 21].

Europäische Union

Die Umweltpolitik der EU begann mit einer 1972 in Paris abgehaltenen Tagung des Europäischen Rats, unter Bezug auf die von der UN in Gang gesetzten Forderung nach Maßnahmen zum Umweltschutz. Bereits 1973 verabschiedete die Europäische Wirtschaftsgemeinschaft (EWG) ein Umweltaktionsprogramm mit Zielvorgaben, u. a. zur Reduzierung der Treibhausgasemissionen, Reduzierung der Umweltbelastung infolge von Erzeugung und Verbrauch, Stärkung der Resilienz, das, immer weiter fortgeschrieben, inzwischen in der 8. Folge (2019–2024) vorliegt, [22]. 1987 wurde mit der Einheitlichen Europäischen Akte (EEA) ein Titel Umwelt eingeführt und damit die Rechtsgrundlage für ein gemeinsames politisches Handeln zur Bewahrung der Umwelt, dem Schutz der menschlichen Gesundheit und einer rationellen Nutzung der natürlichen Ressourcen geschaffen, [23]. Mit der Erweiterung der Europäischen Wirtschaftsgemeinschaft (EWG) zur Europäischen Union (EU) im Jahr1993 wurde die Umweltpolitik, auch vor dem Hintergrund der Klimarahmenkonvention, zu einem offiziellen Politikbereich erklärt (Vertrag von Maastrich). Nachdem der Europäische Rat bereits bei seiner Tagung in Cardiff 1998 die Umweltbelange zu einem wichtigen Konzept der EU-Politik erklärte, wurde 1999 verpflichtend festgelegt, den Umweltschutz in die Maßnahmen der EU nachhaltig zu integrieren (Vertrag von Amsterdam). Die Bekämpfung des Klimawandels wurde 2009 auch gegenüber Drittländern festgeschrieben (Vertrag von Lissabon), [24].

Mit der ***Energieunion*** gibt es seit 2015 eine wichtige Instanz zur Bewältigung der energiepolitischen Aufgaben in der EU, vornehmlich zur Vertiefung der nationalen Energie- und Verbundmärkte. In einem Rahmenpapier für eine zukunftsorientierte Klimaschutzstrategie werden die dazu gesetzten Ziele und die weitere Vorgehensweise beschrieben, [25]. 2016 veröffentlichte die EU-Kommission ein Strategieprogramm, in dem dargelegt wird, wie die Ziele für nachhaltige Entwicklung in die politischen Prioritäten der EU eingebunden werden sollen, [26]. 2018 hatte die EU-Kommission eine Langzeitvision vorgestellt, wonach das Ziel eines treibhausgasneutralen Europas technologisch machbar und auf kosteneffiziente Weise erreichbar sein soll. Gleichzeitig wurde im Rahmen der Energieunion eine Governance-Verordnung zur Abdeckung der fünf Dimensionen Dekarbonisierung, Energiesicherheit, Energieeffizienz, Energiebinnenmarkt sowie Forschung, Innovation und Wettbewerb ausgerufen. Die Mitgliedstaaten wurden verpflichtet, langfristige Strategien zur Einbindung ihrer nationalen Energie- und Klimaschutzpläne (NECP) zu entwickeln und deren Kohärenz zu gewährleisten, [27]. Aus dem gleichen Jahr stammt eine strategische, langfristige EU-Vision für eine klimaneutrale Wirtschaft, [28]. Aus dem Jahr 2019 gibt es ein Reflexionspapier, mit dem der Weg zu einem nachhaltigen Europa bis 2030 aufgezeigt wird, [29]. Darin geht es, auch bei der Ausrichtung der Klima- und Energiepolitik, besonders um die Realisierung der in einer, von der UN bereits 2015 verabschiedeten Agenda 30 enthaltenen Nachhaltigkeitsziele, [30]. 2020 wurde ein EU-Klimazielplan für 2030 mit Strategien zur Senkung der Emissionen veröffentlicht, [31] und dessen konzeptionelle Grundlagen 2021, als „Green Deal" (European Green Deal-EGD) beschlossen, [32]. Das 2021 verabschiedete EU-Klimagesetz machte diesen zum rechtlich verbindlichen Fundament der europäischen Klimapolitik, [33].

Das Konzept des ***European Green Deals*** setzte das Ziel, bis 2050 zum ersten treibhausgasneutralen Kontinent zu werden. Dazu soll verbindlich gelten, dass die Menge der CO_2-Äquivalente kontinuierlich abnimmt, damit bis 2030 bereits eine Emissionsminderung von 55 % gegenüber 1990 gelingt. Mit den bestehenden Maßnahmen wird nur eine Reduzierung um 33,7 % prognostiziert und auch mit weiterführenden Maßnahmen käme man nur auf 40,8 %, wie Abb. 2.1 veranschaulicht, [34]. Um die mittel- und langfristigen Ziele zu erreichen, müssten die Minderungsquoten erheblich heraufgesetzt werden. Neben einer Steigerung der Energieeffizienz soll das vor allem durch einen forcierten Ausbau der erneuerbaren Energien und dem Einsatz von damit erzeugtem, sogenannten grünem Wasserstoff, als Energieträger der Zukunft, ermöglicht werden. Ein weiterer Maßnahmenkatalog wurde 2021 mit dem „Fit-for-55-Programm", unterteilt in Sektoren wie Energiewirtschaft, Industrie, Verkehr, Gebäude und Landwirtschaft, festgeschrieben. Mit einem Paket aus reformierten und neuen Vorschriften soll die Transformation zur Klimaneutralität gelingen. Eine wichtige Rolle wird dabei dem aus einer CO_2-Bepreisung und der Einführung eines CO_2-Grenzausgleichs entstandenen Emissionshandel zu-

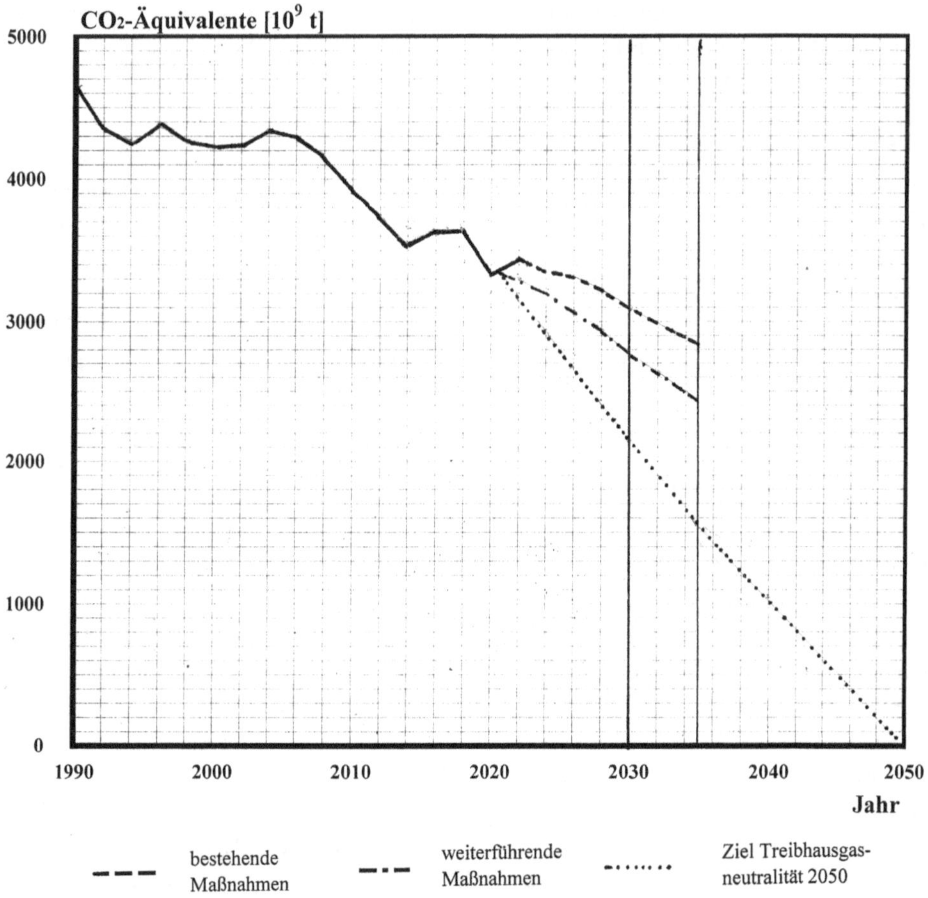

Abb. 2.1 CO_2-Emissionen – Zielsetzung EU. (Daten: UBA [34])

gemessen, [35]. In Anbetracht der geopolitischen Veränderungen wurde 2022 mit „REPower EU" ein Maßnahmenpaket veröffentlich, um deren Auswirkungen auf den europäischen Energiemarkt Rechnung zu tragen. Als Kernstrategien sind darin die Diversifizierung der Energiezufuhr, die Einsparung von Energie und Erhöhung deren Effizienz sowie die Beschleunigung der Energiewende genannt, [36]. Mit einer 2023 angekündigten Novellierung wurden die Zielwerte für die Treibhausgasreduzierung, bei gleichzeitiger Steigerung der erneuerbaren Energien und Erhöhung der Energieeffizienz, weiter verschärft. Unter Berücksichtigung eines projizierten indikativen Treibhausgasbudgets für 2030 bis 2050 soll ein EU weites Klimaziel festgelegt werden, [33]. Im Herbst 2025 haben sich deren Mitgliedstaaten darauf geeinigt, die CO_2-Emissionen bis 2040 um 90 % gegenüber 1990 zu mindern. Dabei können bis zu 5 % mittels internationaler Projekte gutgeschrieben werden.

Für die Treibhausgasbilanzen bei Landnutzung, Landnutzungsänderung und Forstwirtschaft (Land Use, Land Use-change and Forestry-LULUCF) gilt zudem eine 2023 in Kraft gesetzte Verordnung, [37]. Seit 2024 gibt es eine spezielle Europäische Methanverordnung, [38]. Ab dem gleichen Jahr gilt eine Richtlinie über die Sorgfaltspflichten von Unternehmen in Hinblick auf Nachhaltigkeit (Corporate Sustainability Due Diligence Directive – CSDDD). Mit dieser werden größere Unternehmen, abhängig von Mitarbeiterzahl oder Umsatzhöhe, verpflichtet, Planungen und Strategien so auszurichten, dass die Ziele des Übereinkommens von Paris und einer Klimaneutralität bis 2050 erfüllt werden, [39].

Deutschland

Die Klimaschutzpolitik in Deutschland orientiert sich grundsätzlich an den Beschlüssen der EU-Staaten zur UN-Klimarahmenkonvention und entsprechenden Vereinbarungen. Mit einer Europäischen Klimaschutzinitiative (EUKI) will Deutschland die politische Zusammenarbeit in der EU zur Erreichung der gesetzten Klimaziele stärken. Mit der verfassungsrechtlich sanktionierten Verpflichtung bis 2045 Klimaneutralität zu erreichen, übernimmt Deutschland nicht nur für Europa, sondern auch international eine Vorreiterrolle.

In der BRD begannen die offiziellen politischen Aktivitäten für den Schutz der Umwelt mit der 1972 erfolgten Berufung eines Sachverständigenrats für Umweltfragen (SRU), als Beratungsinstanz. Seit 1974 gibt es ein zuständiges Bundesministerium, gleichzeitig wurde ein Bundesumweltamt eingerichtet. Im Jahr 1992 wurde ein, von einem interministeriellen Ausschuss begleiteter, aus Experten verschiedener Fachrichtungen bestehender, wissenschaftlicher Beirat der Bundesregierung für Globale Umweltveränderung (WGBU) ins Leben gerufen.

Ein ***Klimaschutzprogramm*** wurde 2005 verabschiedet. Es folgte ein integriertes Energie- und Klimaprogramm (EKP), welches die Bundesregierung im Jahr 2007 zur Minderung der Treibhausgasemissionen bis 2020 beschloss – es wurde unter dem Namen „Meseberger Beschlüsse" bekannt, [40]. Eine Jahresausgabe zu den Fakten, Trends und Impulsen der deutschen Klimapolitik gibt es seit 2014, [41].

Im Jahr 2016 stand die Gründung einer Wissenschaftsplattform zum Klimaschutz (WPKS) an, mit der ein interdisziplinär zusammengesetzter Kreis von Vertretern aus wissenschaftlichen Forschungseinrichtungen die Bundesregierung bei der Umsetzung und Weiterentwicklung der klimapolitischen Maßnahmen fachkundig unterstützen soll, [42]. Nach einem im selben Jahr beschlossenen *Klimaschutzplan 2050* sollen sich in Deutschland die Treibhausgasemissionen, gegenüber denjenigen im Jahr 1990, bis 2020 um 40 %, bis 2030 um 55 %, bis 2040 um 70 % mindestens verringern und bis 2050 eine weitgehende Treibhausgasneutralität erreicht werden, [43]. Mit einer Neufassung des bereits 2019 verabschiedeten Klimaschutzgesetzes wurden die Minderungszielwerte auf 65 % bis 2030 und 88 % bis 2040 angehoben. Die Klimaneutralität wird darin bereits bis 2045 gefordert, [44]. Für die Begrenzung der CO_2-Emissionen galten für die einzelnen Sektoren im Klimaschutzgesetz (KSG) verbindlich festgelegte Grenzwerte, [45]. Da diese nicht gleichermaßen zu realisieren waren, das betrifft besonders den Verkehr, bei dem die Transformation von Verbrennungs- auf Elektromotor nur schleppend voran ging und den Gebäudesektor, wo die Sanierung des Altbaubestands wegen der damit verbundenen technischen Probleme und der hohen Kosten stockte, wurde ein sektoraler Ausgleich zugestanden und das Minderungsziel auf die Gesamtmenge fokussiert. In Abb. 2.2 sind die bis zum Jahr 2030 für die einzelnen Sektoren vorgegebenen Zielwerte gezeigt, die weiterhin gelten sollen. Bei der danach anfallenden Gesamtemission an Treibhausgasen (Landnutzung und Forstwirtschaft ausgenommen) wird, im Vergleich zu 1990, bis 2030 eine Minderung von 63 % projiziert, bis 2040 sollen es 80 % sein, [46]. Die gesetzten Ziele würden damit nicht ganz erreicht.

Mit dem Klimaschutzplan wurde die Grundlage für die Umsetzung des Pariser Übereinkommens gelegt. Er sollte für Wirtschaft, Wissenschaft und Gesellschaft eine Orientierung geben, wie man das Ziel, die Erderwärmung zu stoppen, mit einem gleichzeitigen Gewinn an wirtschaftlicher Leistung und Wettbewerbsfähigkeit bewerkstelligen könne. Als Bestä-

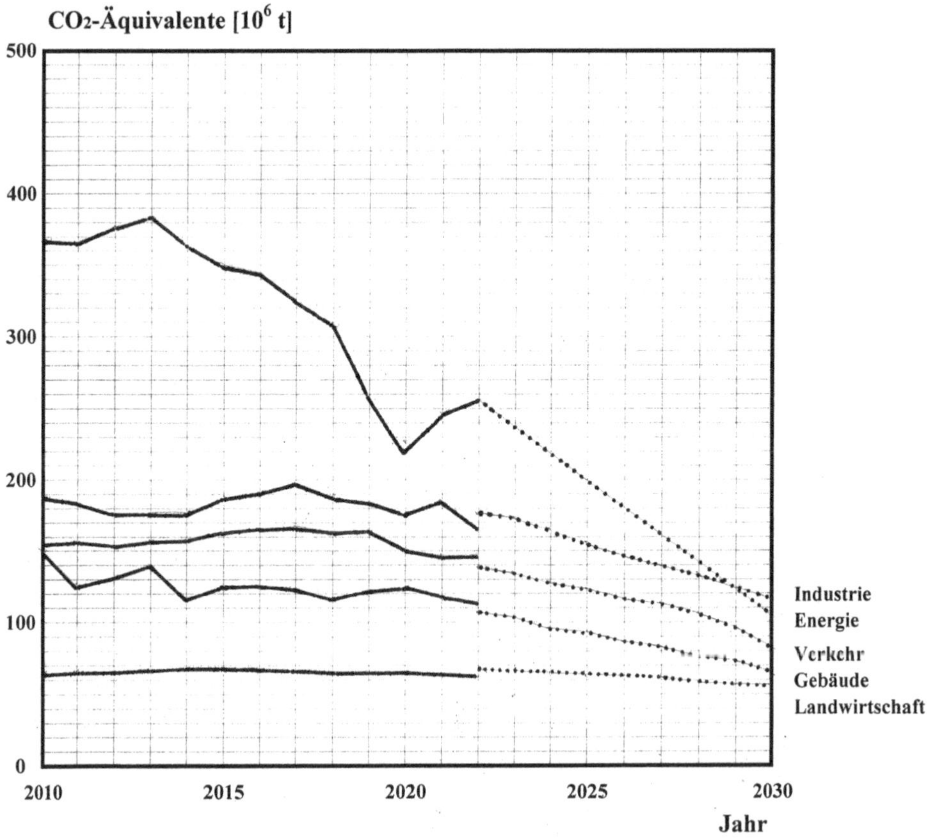

Abb. 2.2 CO_2-Sektorenklimaziele – Deutschland. (Daten: UBA [34])

tigung einer bereits 2008 beschlossenen Anpassungsstrategie an den Klimawandel (DAS), wurde mit dem 2024 in Kraft getretenen Bundes-Klimaanpassungsgesetz (KAnG) das Ziel verschärft, strategische Verfahren zu entwickeln, womit es gelingt, Leben und Gesundheit, Gesellschaft, Wirtschaft und Infrastruktur sowie Natur und Ökosysteme vor negativen Auswirkungen des Klimawandels zu schützen. Die Widerstandsfähigkeit gegen klimatische Veränderungen soll gesteigert und nationale sowie internationale Anstrengungen zur Klimaanpassung geleistet werden, [47].

2.3 Weltklimarat

Bei dem im Jahr 1988 gegründeten Weltklimarat handelt es sich um einen zwischenstaatlichen Ausschuss für Klimaänderungen (Intergovernmental Panel on Climate Change – IPCC), in welchem, als autonomes Gremium, ein internationales Team von Wissenschaftlern zusammengeführt ist. Die Wissenschaftler setzen sich mit dem Problem der globalen Erderwärmung auseinander, dokumentieren einen aktuellen Wissensstand zur Klimaänderung und eruieren daraus resultierende ökologische und ökonomische Folgen. Somit beschäftigen sich weltweit Tausende von Wissenschaftlern, die, den Klimawandel betreffenden, naturwissenschaftlichen Grundlagen zu erstellen, Aussagen zu dessen Risiken zu machen und Minderungs- und Anpassungsstrategien zusammenzutragen und zu bewerten. Im Weltklimarat soll keine Forschung betrieben, sondern die gewonnenen Erkenntnisse von Experten interdisziplinär ausgewertet werden. Für die Bekanntmachung der Ergebnisse sind Sachstandsberichte (Assessment Reports – ARs) vorgesehen. Der erste wurde1990 vorgelegt und darin auch die anthropogenen Treibhausgasemissionen als Verursacher des Klimawandel genannt. Das IPCC hat seit seiner Gründung über den jeweils aktuellen Stand der weltweiten Forschung zum Klimawandel sechs Sachstandsberichte (Assessment Reports), ausgerichtet auf ein bestimmtes Thema, vierzehn Sonderberichte (Special Reports) und neun Methodikberichte (Methodology Reports), die Richtlinien für die Erstellung von Treibhausgasinventaren vorgeben, veröffentlicht. Darüber hinaus gibt es am Ende eines Berichtszyklus einen Synthesebericht (Synthesis Report), welcher, als Zusammenfassung eines Sachstandsberichts und einschlägiger Sonderberichte, als wissenschaftlich belegte Informationsquelle zum Klimawandel für politische Entscheidungsträger dienen soll, [48, 49].

Der im Jahr 2023 erschienene sechste Sachstandsbericht (AR6) besteht aus drei Bänden, unterteilt in „Naturwissenschaftliche Grundlagen des Klimawandels“, „Folgen des Klimawandels, Anpassung und Verwundbarkeit“ sowie „Minderung des Klimawandels“. Dazu kommt ein übergreifender Synthesebericht, bei dem noch die Sonderberichte „1,5 °C globale Erwärmung“, „Ozeane und Kryosphäre“ sowie „Klimawandel und Landsysteme“ mit einbezogen wurden, [50]. Darüber hinaus wurden zehn Sonderberichte sowie Richtlinien für die Erstellung von Treibhausgasinventaren veröffentlicht, [51]. Das IPCC befindet sich seit 2023 im siebten Berichtszyklus, der fünf bis sieben Jahre dauern soll; ein abschließender Synthesebericht wird vor 2029 erwartet, [52].

Die vom IPCC initiierten Berichte liefern keine konkreten Lösungen oder Maßnahmenempfehlungen für die Bekämpfung des Klimawandels und die Anpassung daran. Sie sind als globale wissenschaftliche Quelle evidenzbasierte Grundlage für politische Entscheidungen, zum Beispiel bei Weltklimakonferenzen oder für nationale Maßnahmen. Die Zusammenarbeit vieler Wissenschaftler, die aus unterschiedlichen wissenschaftlichen Disziplinen stammen, bringt es mit sich, dass die entstandenen, in den diversen IPCC-Berichten gemachten Aussagen gewissen Kompromissen unterliegen. Kompromisse führen i. d. R. zu eher zurückhaltenderen Formulierungen zur globalen Erderwärmung, weshalb sie mitunter kritischen Attacken ausgesetzt sind. Das gilt besonders, wenn politische Konsequenz gezogen werden. Um allen Missdeutungen aus dem Weg zu gehen, beauftragte das IPCC den Inter Academy Council (IAC), eine aus internationalen Experten bestehende Kommission, welche die vom IPCC in Gang gesetzten Prozesse und Verfahren unabhängig überprüft, [48, 53]. Das Engagement des IPCC wurde 2007 mit dem Friedensnobelpreis ausgezeichnet. Derzeit sind 195 Länder Mitglied des IPCC und etwa 30 Institutionen der UN sowie etwa 140 internationale und zivilgesellschaftliche Organisationen (Non-Governmental Organisations – NGOs) als Beobachter akkreditiert. Alle dürfen an den IPCC-Aktivitäten teilnehmen.

2.4 UN-Klimaorganisationen

Wenn man die von den Vereinten Nationen insgesamt unterhaltenen Klimaorganisationen miteinander in Bezug bringt, ergeben sich die aus Abb. 2.3 zu entnehmenden strukturellen Verbindungen. Über allem steht der, durch die Weltorganisation für Meteorologie (World Meteorological Organization – WMO) und das Umweltprogramm der Vereinten Nationen (UN Environment Programme – UNEP) gegründete Weltklimarat (Intergovernmental Panel on Climate Change – IPCC). Dessen Wirken gewann besondere Bedeutung, nachdem von der UN-Konferenz für Umwelt und Entwicklung (UN Conference on Environment and Development – UNCED) die Klimarahmenkonvention (UN Framework Convention on Climate Change – UNFCCC) als international verbindliches Vertragsübereinkommen verabschiedet worden war.

Zur Abwicklung verwaltungstechnischer und organisatorischer Belange des Weltklimarats und der Ziele der Klimarahmenkonvention wurde an zentraler Stelle das Klimasekretariat (Climate Secretariat – CS) installiert. Dieses ist für die Vorbereitung und den Ablauf der jährlich abzuhaltenden Klimarahmenkonferenzen (Conference of the Parties – COP), deren Umsetzung (Subsidiary Body for Implementatiom – SBI) und für Wissenschaft und Technische Beratung (Subsidiary Body für Scientific Technological Advice – SBSTA) zuständig. Es koordiniert das Mitwirken von Nebenorganen (Subsidiary Bodies – SB). Über die organisatorischen Aufgaben hinaus leistet das Klimasekretariat kommunikative Unterstützung bei Klimaschutzprozessen und beim Informationsaustausch zwischen den Vertragsparteien, [54]. Es veranlasst die IPCC-Veröffentlichung, vorab der Sachstandsberichte (Assessment Report – AR) und der Sonderberichte (Special Report – SR), deren Integrität von einem internationalen, von Wissenschaftsakademien gebildeten Konsilium (Inter Academy Council – IAC) kontrolliert wird.

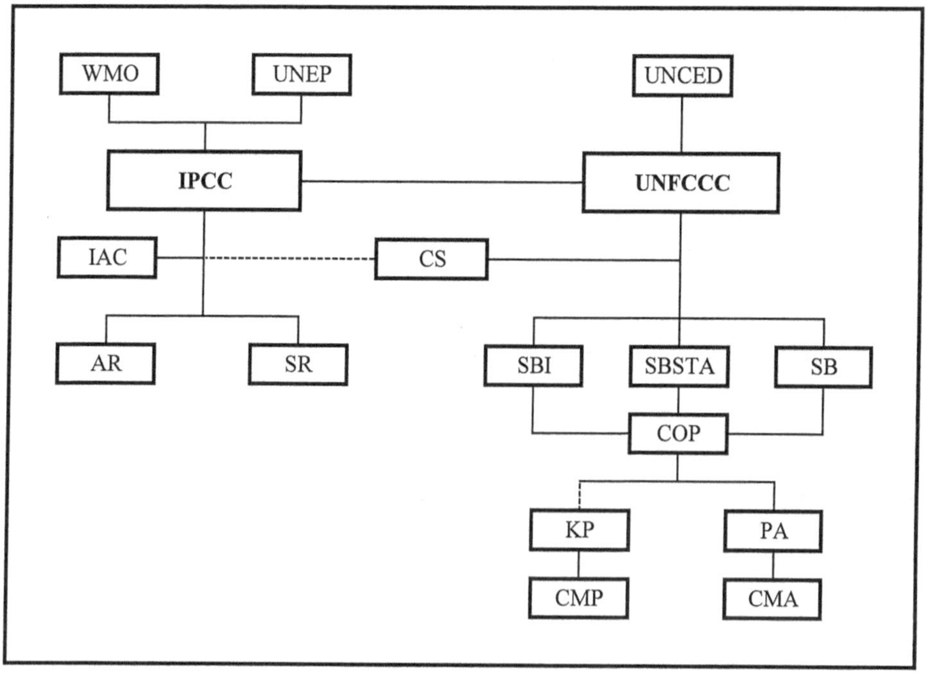

AR	Sachstandsberichte - Assessment Report
CMA	Conference of the Parties serving as the Meeting of the Parties to the Paris Agreement
CMP	Conference of the Parties serving as the Meeting of the Parties to the Protocol
COP	Klimarahmenkonferenz - Conference of the Parties
CS	Klimasekretariat - Climate Secretariat
IAC	Inter Academy Council
IPCC	Weltklimarat - Intergovernmental Panel on Climate Change
KP	Kyoto Protokoll - Kyoto Protocol
PA	Übereinkommen von Paris - Paris Agreement
SB	Subsidiary Bodies
SBI	Subsidiary Body for Implementation
SBSTA	Subsidiary Bodies Body for Scientific Technological Advice
SR	Sonderbericht- Special Report
UNCED	UN-Konferenz für Umwelt und Entwicklung - UN Conference on Environment and Development
UNEP	Umweltprogramm der Vereinten Nationen - UN Environment Programme
UNFCCC	Klimarahmenkonvention - UN FrameworkConvention on Climate Change
WMO	Weltorganisation für Meteorologie - World Meteorological Organization

Abb. 2.3 Struktur der UN -Klimaorganisationen

Die Realisierung der mit dem Kyoto-Protokoll (Kyoto Protocol – KP) eingegangenen Verpflichtungen wurde im Rahmen einer Versammlung der Vertragsparteien (Conference of the Parties serving as the Meetimg of the Parties to the Protocol – CMP) verfolgt.

Für das Übereinkommen von Paris (Paris Agreement – PA) gab es eine Versammlung der zugehörigen Vertragsparteien (Conference of the Parties serving as the Meeting of the Parties to the Paris Agreement – CMA).

Durch die Komplexität dieser Organisationsstruktur, die nicht nur eine Vielzahl von Verwaltungsaktionen bedingt und, mit einer schier unüberschaubaren Flut von Niedergeschriebenem belastet, auf zahlreichen Konferenzen Tausende von Menschen zusammenbringt, bedarf es einer besonderen internationalen Handlungsbereitschaft, um die in der Klimarahmenkonvention festgeschriebenen Ziele zu erreichen.

2.5 Weltklimakonferenzen (COPs)

Die Weltklimakonferenz (COP) ist das Forum, in dem über die Fortschritte beim gemeinsamen Klimaschutz diskutiert wird und Beschlüsse zur Umsetzung der Klimarahmenkonvention (UNFCCC) und deren Folgevereinbarungen gefasst werden können. Diese sind nur dann völkerrechtlich verbindlich, soweit das Klimarahmenabkommen die Vertragsparteien dazu ermächtigt. Unabhängig davon wird den Konferenzbeschlüssen eine gewisse Verpflichtung zugestanden und diese haben großen Einfluss auf die internationale Klimapolitik und das nationale Handeln beim Klimaschutz, [55]. Auf der Grundlage der 1992 beschlossenen Klimarahmenkonvention (UNFCCC) finden seit 1995, mit Corona bedingter Unterbrechung im Jahr 2020, jährlich Konferenzen der Vertragsparteien (Conference of the Parties – COP) statt, (Tab. 2.1), [56]. Seit 2005 sind die Treffen um diejenigen Staaten ergänzt worden, die das Kyoto-Protokoll unterzeichnet haben (Conference of Parties serving as the meeting of the Parties to the Protocol – CMP); seit 2016 sind auch die Mitglieder des Übereinkommens von Paris Conference of the Parties serving as the meeting on Paris Agreement (CMA) dabei.

Die Konferenzverhandlungen gestalten sich nicht nur deshalb kompliziert, weil mittlerweile 195 Vertragsstaaten einstimmig Beschlüsse fassen müssen, sondern dabei auch noch diverse Parteigruppierungen eine Rolle spielen. Zu solchen haben sich Länder zusammengeschlossen, die gemeinsame Interessen durchsetzen wollen. So organisierten sich die afrikanischen Staaten, Staaten im asiatisch-pazifischen Raum, europäische Staaten, getrennt in Ost und West, Staaten Lateinamerikas und der Karibik sowie ein Zusammenschluss sogenannter „andere Staaten", zu dem Australien, Neuseeland, die USA, Kanada, Island, Norwegen und die Schweiz gehören.

In der Environmental Integrity Group (EIG) sind Mexiko, Liechtenstein, Monaco, Korea, Georgien und die Schweiz zusammengeschlossen, einen einflussreichen Block bilden die 27 Mitgliedsstaaten der EU. Die Entwicklungsländer vertreten als „Gruppe der 77" gemeinsam ihre Positionen, wobei es auch noch eine Union der Schwellenländer Brasilien, Südafrika, Indien und China (BASIC) und einen Zusammenschluss der am wenigsten entwickelten Länder (Least Developed Countries – LDCs) gibt. Auch die kleinen Inselstaaten (Alliance of Small Island States – AOSIS) bilden eine Koalition. Seit der Verabschiedung des Kyoto-Protokolls gibt es eine Union von Australien, Neuseeland, Japan, Kanada, Is-

Tab. 2.1 COP-Konferenzen 1 bis 30

COP	Datum	Ort	Tagungspunkte, Beschlüsse
1	28.03.–07.04.1995	Berlin	Klimasekretariat, Protokoll für verbindliche Ziele zur Reduzierung der Treibhausgase (Berliner Mandat)
2	08.07.–19.07.1996	Genf	Feststellung des anthropogenen Einflusses auf den Klimawandel (2. IPCC-Zwischenbericht)
3	01.12.–11.12.1997	Kyoto	Vereinbarung zur bindenden Reduzierung der Treibhausgase, Kyoto-Protokoll
4	02.11.–14.11.1998	Buenos Aires	Konkretisierung der Regeln zur Umsetzung der im Kyoto-Protokoll getroffenen Vereinbarungen
5	25.10.–05.11.1999	Bonn	Analyse der Treibhausgasinventare der Industrieländer, Ausgestaltung der Kyoto Mechanismen
6	13.11.–25.11.2000	Den Haag	Klärung von Details zum Kyoto-Protokoll, Unterstützungshilfen für die Entwicklungsländer, Einigung über weitere Vorgehensweise zur Begrenzung der Treibhausgasemissionen (Bonner Agreement). Schaffung von Klimafonds
	16.07.–27.07.2001	Bonn	
7	29.10.–10.11.2001	Marrakesch	Kompromisse zur Realisierung der Vorgaben im Kyoto-Protokoll, besonders die Industriestaaten betreffend
8	23.10.–01.11.2002	Neu-Delhi	Anderenorts finanzierte Klimaschutzprojekte gelten als fiktive Treibhausgasreduzierung (CDM)
9	01.12.–12.12.2003	Mailand	Bemühungen für die Ratifizierung des Kyoto-Protokolls, Beschluss zu Aufforstungsprojekten als CO_2-Speicher
10	06.12.–18.12.2004	Buenos Aires	Treibhausgasreduzierungsziele über 2012 hinaus, Anpassung an den Klimawandel
11	28.11.–09.12.2005	Montreal	Aktionsplan zur Entwicklung eines Klimaschutzprogramms als Fortsetzung des inzwischen in Kraft getretenen Kyoto-Protokolls
12	06.12.–17.12.2006	Nairobi	Begrenzung der CO_2-Emissionen für Industrieländer, Fond für Klimawandelanpasssung der Entwicklungsländer
13	03.12.–14.12.2007	Bali	Verpflichtung zur Minderung der Treibhausgasemissionen, Technologien zur Anpassung an Klimawandel
14	01.12.–12.12.2008	Posen	Verhandlungen für ein neues Klimaschutzabkommen, Finanzierungshilfe für Entwicklungsländer
15	07.12.–18.12.2009	Kopenhagen	Finanzzusage, Erklärung zur Begrenzung der Erdtemperaturerhöhung auf 2 °C
16	29.11.–10.12.2010	Cancun	Bestätigung, die Erderwärmung zu stoppen, Gründung eines Hilfsfonds zur Unterstützung der Entwicklungsländer
17	28.11.– 11.12.2011	Durban	Fortsetzung des Kyoto-Protokolls, Beratungen über ein rechtverbindliches Klimaschutzabkommen
18	26.11.–08.12.2012	Doha	Verlängerung des Kyoto-Protokolls, Ausarbeitung eines Klimaschutzabkommens

COP	Datum	Ort	Tagungspunkte, Beschlüsse
19	11.11.–23.11.2013	Warschau	Vorlage eines Klimaschutzplans zur Begrenzung der Erderwärmung bis 2015
20	01.12.–14.12.2014	Lima	Konzept eines Klimaschutzabkommens, Fond zur Finanzierung von Klimaschutzmaßnahmen
21	30.11.–12.12.2015	Paris	Übereinkommen zum Klimaschutz als Alternative zum Kyoto-Protokoll
22	07.11.–18.11.2016	Marrakesch	Bestätigung des beschlossenen Klimaschutzabkommens, Erstellung eines Regelbuches, Finanzierung von Klimaschutz und Anpassung an den Klimawandel
23	06.11.–17.11.2017	Bonn	Verhandlung über feste Regeln zur Umsetzung des Klimaschutzabkommens
24	02.12.–14.12.2018	Kattowitz	Regelbuch zur Klimarahmenkonvention, Erhöhung der Klimaschutzbemühungen
25	02.12.–13.12.2019	Madrid	Details zur Umsetzung des Klimaschutzabkommens, Zeitplan für finanzielle Unterstützung der Entwicklungsländer beim Klimaschutz
26	31.10.–12.11.2021	Glasgow	Abklärung von Kontroversen beim Klimaschutzabkommen, Einleitung eines schrittweisen Ausstiegs aus der Kohleverbrennung
27	06.11.–20.11.2022	Sharm El-Sheiikh	Fond zur Kompensation von Schäden durch den Klimawandel für Entwicklungsländer
28	30.11.–13.12.2023	Dubai	Bestandsaufnahme zur Umsetzung der Klimaschutzabkommen, keine Abkehr von fossilen Brennstoffen
29	11.11.–22.11.2024	Baku	Finanzhilfe für die Entwicklungsländer, kein Ausstieg aus dem Einsatz fossiler Energieträger
30	10.11.–21.11.2025	Belem	Finanzhilfe für vom Klimawandel bedrohte Entwicklungsländer, Klärung des Einsatzes fossiler Brennstoffe

land, Norwegen, Russland, Kasachstan, der Ukraine, Israel, Groß Britannien und den Vereinigten Staaten als sogenannte „Umbrella Group“. In verschiedenen Gruppierungen verbinden sich Vertragsparteien je nach jeweiliger Interessenslage, miteinander. Staaten wechseln innerhalb dieser Gruppen, je nachdem wie ihre Belange vertreten werden. Neben dem Wirken der Vertragsparteien versuchen Lobbyisten aus der Energiewirtschaft, den Unternehmensverbänden und dem weltweiten Kreis der Umwelt- und Klimaschutzorganisationen, die bei den Klimakonferenzen gefassten Beschlüsse zu beeinflussen, [57, 58].

COP 1 war die erste, 1995 in Berlin stattgefundene Konferenz. Der Auftritt der damaligen Bundesregierung, zum Beispiel mit der Ankündigung, den CO_2-Ausstoss bis 2005 gegenüber dem von 1990 um 25 % zu senken (erreicht wurden 20 %), war so überzeugend, dass Bonn als Standort für ein einzurichtendes Klimasekretariat gewählt wurde, [59]. Während diesem Treffen ging es vor allem darum, die Industriestaaten zu einer Reduzierung der Treibhausgasemissionen zu verpflichten. Es wurden aber nur unverbindliche Zusagen erreicht und im sogenannten „Berliner Mandat“ die Absichtserklärung festgehalten, bis 1997 ein Protokoll auszuarbeiten, in welchem feste Ziele festgeschrieben werden, um den Ausstoß von Treibhausgasen über das Jahr 2000 hinaus zu reduzieren.

Zur **COP 2** gab es ein vom Weltklimasekretariat in Bonn organisiertes Vortreffen (Subsidiary Bodies – SB), was dann auch für die folgenden Konferenzen zur Gewohnheit wurde. Das Vortreffen war als vorbereitende Veranstaltung, bei der die Vertreter der Länder bemüht waren, gemeinsame Positionen für die auf der anschließenden COP zu behandelnden Themen zu finden, angesetzt. In der Sache ging es bei dem Treffen um den 1995 veröffentlichten zweiten Zustandsbericht des IPCC, in welchem der anthropogene Einfluss auf den Klimawandel bekräftigt wurde. Eine verbindliche Regelung zur Reduktion der Treibhausgase kam nicht zustande. Dies gelang erst mit dem sogenannten Kyoto-Protokoll (KP) während der dritten Klimakonferenz.

Mit **COP 3** hat die internationale Staatengemeinschaft erstmalig eine, in Bezug auf die Klimarahmenkonvention (UNFCCC) bindende Begrenzung der Treibhausgasemissionen in einem völkerrechtlichen Vertrag verankert. Damit verpflichteten sich die Mehrzahl der Industriestaaten, den Ausstoß von Treibhausgasen bis 2012 um 5,2 % gegenüber 1990 zu verringern. Das Kyoto-Protokoll wurde zu einer tragenden Säule der Klimapolitik.

COP 4 hatte vor allem zum Ziel, die maßgeblichen Bestimmungen des Kyoto-Protokolls zu konkretisieren und die Durchsetzung der getroffenen Vereinbarungen zu sichern. Das war auch das Hauptthema bei der folgenden **COP 5**. Es wurden zudem Richtlinien ausgearbeitet, wie die Berichte über die in den Industrieländern anfallenden Emissionen gestaltet werden sollen und über die Handhabung der im Kyoto-Protokoll aufgeführten Mechanismen debattiert.

Bei **COP 6** ging es vor allem darum, weitere Punkte des Kyoto-Protokolls abzuklären. Jedoch kamen zwischen den verschiedenen Parteien – besonders den Vertretern der „Umbrella Group“, der Gruppe der Entwicklungsländer und der Europäischen Union – keine einheitlichen Beschlüsse zustande. Um ein Scheitern der mit dem Kyoto-Protokoll angestrebten internationalen Klimaschutzvereinbarungen zu verhindern, wurde die Konferenz im nächsten Jahr fortgesetzt, allerdings ohne die USA. Mit dem sogenannten Bonner Beschluss (Bonn Agreement) gelang ein Kompromiss zur Ausgestaltung des Kyoto-Protokolls hinsichtlich der Begrenzung der Treibhausgasemissionen und zur Installation eines Systems zur Überwachung, inwieweit gemachte Zusagen eingehalten werden. Eine gemeinsame Absichtserklärung gab es für eine Unterstützung der Entwicklungsländer. Als Finanzhilfe für deren Maßnahmen zur Emissionsvermeidung und Anpassung an Klimafolgen wurde ein Sonderfond (Special Climate Change Fund – SCCF) eingerichtet und ein weiterer (Least Developed Countries Fund – LDCF) speziell für die am wenigsten entwickelten Länder (LDCs).

Mit der **COP 7** wurde ein Paket von 15 Entscheidungen verabschiedet, wobei es im Wesentlichen wieder um die Schaffung der Grundlagen für das Inkrafttreten des Kyoto-

Protokolls ging. Neben der Erfüllungskontrolle war ein weiterer Verhandlungspunkt, den Industriestaaten zu ermöglichen, ihre Reduktionsziele durch internationale Klimaschutzprojekte, zum Beispiel in Entwicklungsländern, zu realisieren.

COP 8 war auf Klimaschutz und nachhaltige Entwicklung ausgerichtet. Daneben gab es Beschlüsse zur Ausgestaltung von projektorientierten Klimaschutzmaßnahen in Entwicklungsländern, mit denen die Industriestaaten Emissionsminderungszertifikate erwerben können (Clean Development Mechanism – CDM). Es wurde zudem beschlossen, die Öffentlichkeit und besonders die Bildungslandschaft verstärkt in das Thema Klimaschutz einzubeziehen.

Die **COP 9** wurde zunächst durch die Frage, ob Russland bereit wäre das Kyoto-Protokoll zu ratifizieren und durch die besonderen klimapolitischen Aspekte der USA bestimmt. Die überwältigende Mehrheit der teilnehmenden Staaten erklärte ihre Unterstützung für das Kyoto-Protokoll, zumal es mit der Vereinbarung von Regelungen für die Aufforstungsprojekte in Entwicklungsländern (CDM) gelang, eine bisher noch offene Lücke zu schließen.

COP 10 markierte den 10. Jahrestag des Inkrafttretens der Klimarahmenkonvention (UNFCCC). Die EU erklärte sich bereit, an Entwicklungsländer für Maßnahmen zum Klimaschutz 400 Mio. Euro zu zahlen. Da das dann im Februar 2005 endlich ratifizierte Kyoto-Protokoll zunächst nur bis 2012 galt und die USA dessen Ablehnung bekräftigten, beschloß man ein weiteres Treffen, um sich für die Reduzierung der Treibhausgase auf einen längeren Zeitrahmen zu einigen. Debattiert wurde auch über Maßnahmen zur Anpassung an den Klimawandel.

Als Ergebnis der **COP 11** entstand durch Zusammenwirken der Länder, welche das Kyoto-Protokoll unterzeichnet hatten (CMP 1), ein Aktionsplan zur Fortentwicklung des Klimaschutzprogramms bis 2012. Es fehlte allerdings die Akzeptanz von Staaten wie den USA und Kanada, die lediglich als Beobachter an der Konferenz teilnahmen. Es wurde außerdem beschlossen, zur Treibhausgasreduzierung relevante Maßnahmen außerhalb des eigenen Landes (CDM), weiter zu aktivieren. Erneut wurde über die Anpassung an den Klimawandel verhandelt.

COP 12 fand in Assoziation mit der Konferenz der Vertragsstaaten des Kyoto-Protokolls (CMP 2) statt und es wurde das klare politische Signal gesetzt, dass Letzteres auch nach 2012 das Rückgrat für die internationale Klimapolitik sein soll. Unter besonderer Berücksichtigung des afrikanischen Kontinents wurden die Prinzipien, Strukturen und strategische Prioritäten eines UN-Anpassungsfonds festgelegt, aus dem Entwicklungsländer bei Projekten zur Anpassung an den Klimawandel unterstützt werden sollen. Mit einem Volumen von ca. 1,25 Mrd. Euro sollten klimafreundliche Investitionen initiiert werden. Es wurde ein Programm erarbeitet, das die Industrieländer verpflichtete, die globalen CO_2-Emisssionen bis 2050 um 50 % zu reduzieren. Die EU verkündete, die Mittel für Maßnahmen zur Verbesserung der Energieeffizienz und den Ausbau der erneuerbaren Energien massiv aufzustocken.

Auf der **COP 13** (CMP 3) wurde über die Verpflichtungen und Beiträge der Länder zur Minderung von klimaschädlichen Emissionen, Technologien zur Anpassung an die Erderwärmung und Finanzierung bis und nach 2012, verhandelt. Zur Festlegung konkreter Höchstwerte für Emissionen wurde kein Ergebnis erreicht.

COP 14 (CMP 4) markierte den Übergang im internationalen Verhandlungszyklus zu einem Klimaschutzabkommen nach 2012. Die Staaten stellten ihre jeweiligen Positionen vor, um sich dann auf einen gemeinsamen Text für ein neues Abkommen einigen zu können und die wesentlichen Elemente eines zukünftigen Klimaregimes festzulegen. Ein Schwerpunkt war die Verpflichtung zur Treibhausgasreduzierung, wozu es zwar keine Festlegungen gab, sich die Staaten aber immerhin bereit erklärten bis 2009 ihre, auf die Jahre ausgerichteten, nationalen Minderungsziele zu benennen. Gewichtig waren wieder die Verhandlungen über die finanzielle Unterstützung von Entwicklungsländern bei der Realisierung von Klimaschutzmaßnahmen, besonders die Anpassung betreffend. Dazu wurde ein Fond (Adaption Fund – AF) beschlossen.

Bei der **COP 15** (CMP 5) machten die Industrieländer in der sogenannten Kopenhagener Vereinbarung die Zusage, für den AF von 2010 bis 2012 bis zu 30 Mrd. US-Dollar bereit zu stellen. Diese Finanzhilfe zur Bekämpfung (Mitigation) des Klimawandels und Anpassung (Adaption) an diesen soll bis zum Jahr 2020 auf jährlich 100 Mrd. US-Dollar ansteigen. Das wesentliche Ziel dieser Weltklimakonferenz, nämlich über die Kernelemente eines neuen Klimaabkommens zu entscheiden, wurde nicht erreicht. Immerhin bekannte sich aber eine Gruppe repräsentativer Staaten erstmals zum Ziel, den globalen Temperaturanstieg auf unter 2 °C zu begrenzen.

Auf der **COP 16** (CMP 6) wurde das 2-Grad-Ziel offiziell bestätigt. Man beschloss die Einrichtung eines Grünen Klimafonds (Green Climate Fund – GCF), um Entwicklungsländer bei der Finanzierung von transformativen Maßnahmen zum Klimaschutz und Behebung von Folgen des Klimawandels zu unterstützen. Damit soll als eine weitere operative Einheit des Finanzierungsmechanismus der Klimarahmenkonvention eingerichtet werden, [60]. Die Industrieländer sicherten erneut zu, bis 2020 jährlich 100 Mrd. US-Dollar aufzubringen.

Auf dem Klimagipfel **COP 17** (CMP 7) führten die Verhandlungen zu der Einigung, im Folgejahr mit den Beratungen für ein, alle Staaten einschließendes, rechtsverbindliches Klimaschutzabkommen zu beginnen. Man diskutierte auch über eine zweite Verpflichtungsperiode für das 2012 auslaufende Kyoto-Protokoll, was dann auf der nachfolgenden **COP 18** (CMP 8) auch beschlossen wurde. Darüber hinaus verabschiedet man ein Arbeitsprogramm für ein auszuhandelndes Klimaschutzabkommen.

Während der **COP 19** (CMP 9) wurden dazu weitere Beschlüsse gefasst, mit dem Bestreben, auf der für 2015 in Paris geplanten Konferenz, mit dem Ziel, die Erderwärmung auf 2 °C zu begrenzen, eine Klimavereinbarung verabschieden zu können. Es gab eine endgültige Entscheidung für eine Verlängerung des Kyoto-Protokolls und eine Einigung beim Mechanismus zum Waldschutz. Deutschland erklärte sich bereit,

30 Mio. Euro in den Anpassungsfond zu zahlen, der mit einem Volumen von 100 Mio. Euro beschlossen worden war, um in Entwicklungsländern Projekte zum Klimaschutz zu finanzieren, [61].

Auf der **COP 20** (CMP 10) wurde der Beschluss gefasst, das im Entwurf vorliegende Klimaschutzabkommen während des nächsten Klimagipfels zu verabschieden. Dazu sollen die Staaten ihre eigenen Initiativen zum Klimaschutz darlegen und selbst angeben, wie sie ihre Schadstoffemissionen mindern wollen und sich nach ihren wirtschaftlichen Möglichkeiten am Klimaschutz beteiligen können. Einen Fortschritt gab es bei der multilateralen Finanzierung des Grünen Klimafonds (GCF), in den über 10 Mrd. US-Dollar eingezahlt wurden.

COP 21 (CMP 11) wurde zum Ultima Ratio der Klimapolitik. Es wurde, als Weiterentwicklung des Kyoto-Protokolls, ein in den Vorkonferenzen vorbereitetes Klimaschutzabkommen beschlossen, mit der Zielsetzung, dass der globale Temperaturanstieg auf unter 2 °C, möglichst unter 1,5 °C begrenzt bleibt. Die Bemühungen, diese mit dem Übereinkommen von Paris (ÜvP) fixierte 1,5 -Grad-Grenze nicht zu überschreiten, bestimmen bis heute die internationale Klimapolitik.

Auf der **COP 22** (CMP 12, CMA 1) bestätigen die Vertragsparteien die mit dem Übereinkommen von Paris getroffenen Vereinbarungen (Proklamation von Marrakesch). In weiteren Beratungen ging es um die Abklärung von Detailfragen zur praktischen Umsetzung. Nach einem festzulegenden Zeitplan sollte ein Regelbuch erarbeitet werden, womit zum Beispiel nachvollzogen werden konnte, wie die von den einzelnen Vertragspartnern getätigten Maßnahmen als Minderung der CO_2-Emissionen anzurechnen waren. Auch die Art der Berichtserstattung in Hinblick auf die nationalen Beiträge zum Klimaschutz sollte damit einheitlich festgeschrieben werden. Ein wichtiges Thema war die Finanzierung von Maßnahmen zur Reduzierung des Ausstoßes von Treibhausgasen und zur Anpassung an den Klimawandel, wobei, auch wegen der zu erwartenden Verdoppelung der Bevölkerung, besonders der afrikanische Kontinent im Fokus stand, [62]. Es wurde vereinbart, dass die in der Klimarahmenkonvention genannten Annex-I-Länder jährlich über ihre finanziellen Beiträge berichten. Die Verhandlungen über feste Regeln zur Umsetzung des Übereinkommens von Paris (ÜvP) wurden bei der **COP 23** (**CMP 13**) fortgesetzt. Bis zum Klimagipfel 2018 sollte ein entsprechendes Regelwerk vorliegen, mit dem sich die Beiträge der Länder zum Klimaschutz transparent und vergleichbar darzustellen lassen.

Bei der **COP 24** (CMP 14) wurde – nach zähem Ringen – ein Kompromiss für ein Regelbuch gefunden und ein solches verabschiedet (Regelbuch von Kattowitz), mit dem die Umsetzung der Pariser Beschlüsse der einzelnen Länder detailliert erfasst und verglichen werden können. Da bereits abzusehen war, dass die aktuellen Klimaschutzziele der Staaten nicht ausreichten, um das gesetzte Ziel zur Begrenzung der Erderwärmung zu erreichen, wurde darüber debattiert, wie die Länder ihre Anstrengungen verstärken könnten. In einem Bericht zum Umweltprogramm der UN wird dazu eine Verdreifachung bzw. eine Verfünffachung der globalen Klimaschutzbemühungen angemahnt. Dabei zeigte sich bereits, dass die notwendigen Aufwendungen für Klimaschutz und Anpassung an die Folgen des Klimawandels viele Staaten in ihrer Wirtschaftskraft überforderten. Deshalb wurde über finanzielle Unterstützung, besonders für Schwellen- und Entwicklungsländer, beraten. Deutschland sagte zu, seinen Beitrag zum Grünen Klimafond bis 2019 auf bis zu 1,5 Mrd. Euro zu verdoppeln, [63].

Auch die **COP 25** (CMP 15, CMA 2) drehte sich noch um Details für die Regeln zum Klimaschutzabkommen von Paris; zum Beispiel, zur Ausgestaltung von Marktmechanismen, um die Dekarbonierung der Weltwirtschaft durch internationale Kooperation schneller und effizienter voranzubringen. Endgültig sollten feste Regel für eine transparente Berichtserstattung beschlossen werden. Des Weiteren ging es um einen Zeitrahmen der nationalen Beiträge (Nationally Determined Contribution – NDC) und Unterstützung von Schwellen- und Entwicklungsländern bei der Erreichung ihrer ambitionierten Klimaziele.

COP 26 (CMP 16, CMA 3) fand nach einer Unterbrechung wegen der Corona-Pandemie statt. Die Verhandlungen über weitere Verbesserungen des Klimaschutzes waren wieder wesentlicher Bestandteil. Neben der Abklärung von Kontroversen zum Regelwerk zur Umsetzung der Pariser Vereinbarungen, z. B. zur Dokumentierung der Treibhausgasemissionen, ging es um die internationale Finanzierung der Klimaschutzmaßnahmen und die Unterstützung der vom Klimawandel besonders betroffenen Länder im Erhalt deren natürlicher Ökosysteme, [64]. Man einigte sich erstmalig auf das Ziel, die Energiegewinnung durch Kohle und die Subventionen für fossile Energieträger schrittweise abzuschaffen. Damit wurde der Ausstieg aus der Kohleverbrennung eingeleitet. Man erkannte die Dringlichkeit von Maßnahmen, die CO_2-Emissionen um mindestens 45 % zu senken, um eine bis 2050 angestrebte Klimaneutralität zu erreichen. Die Länder sollten dazu strengere nationale Aktionspläne vorlegen. Es wird die Einführung eines Kohlenstoffmarkts beschlossen, der zwischen den Ländern einen Emissionstauschhandel gestattet, [65]. Mit einem „Global Methane Pledge" wurde zum Ziel gesetzt, den anthropogenen Ausstoß von Methan bis 2030 um mindestens 30 % gegenüber 2020 zu senken, [66].

COP 27 (CMP 17, CMA 4) brachte die Einigung auf einen Fond zur Kompensation von Schäden und Verlusten, die vulnerable Staaten durch den Klimawandel erlitten. Man beriet über ein neues kollektives Finanzziel, das ab 2025 in Kraft treten sollte. Zu geringe Fortschritte wurden für die global zu leistenden Klimaschutzmaßnahmen zur Begrenzung der Erderwärmung konstatiert. Darüber hinaus wurde debattiert, ob die Zielsetzung des Übereinkommens von Paris ohne ambitioniertere Bemühungen überhaupt noch erreichbar sei. Es gelang nicht, die nationalen Interessen, auch in Bezug auf die klimafreundliche Ausrichtung globaler Finanzflüsse im Sinne der UN, in Einklang zu bringen. Zu einem Ausstieg aus der Öl- und Gasförderung kam keine Einigung zustande, [67].

Auf der **COP 28** (CMP 18, CMA 5) wurde eine Bestandsaufnahme über die Umsetzung des Abkommens von Paris vorgenommen. Vorab zeigte sich bereits, dass die bisherigen Bemühungen der Weltgemeinschaft nicht genügten, um das gesetzte 1,5-Grad-

Ziel einhalten zu können. Deshalb wurde darüber verhandelt, wie die Länder ihre Klimaschutzbemühungen massiv erhöhen könnten. Die Parteien einigten sich darauf, die Abkehr von fossilen Brennstoffen zu beschleunigen und Maßnahmen zu ergreifen, um die Treibhausgasemissionen bis 2030 um 43 % zu senken, damit bis 2050 ein Nullniveau erreicht würde. Die Kapazität der erneuerbaren Energien sollte weltweit verdreifacht werden, ferner wurde eine Verdopplung der Energieeffizienz bis 2030 angestrebt. Des Weiteren ging es um die Sicherung und die Umsetzung der Vereinbarungen zur Unterstützung der Entwicklungsländer bei der Bewältigung der mit dem Klimawandel für diese entstehenden Probleme. Auf der nächsten Klimakonferenz soll ein neues kollektives, quantifiziertes Konzept für die Klimaschutzfinanzierung beschlossen werden. Man war sich einig, dass die dafür benötigten Mittel erheblich, also über die bisher für 2025 vorgesehene Verdopplung hinaus, aufgestockt werden müssten, [68–70].

Hauptthema der **COP 29** (CMP 19, CMA 6) war die Finanzierung von Anpassungs- und Minderungsmaßnahmen zum Klimawandel. Die Entwicklungsländer scheiterten mit ihrer Forderung, die Industriestaaten sollten die jährlichen Zuwendungen auf 1,3 Bio. US-Dollar anheben. Diese verpflichteten sich hingegen, die Mobilisierung von jährlich 300 Mrd. US-Dollar bis 2035 zu übernehmen und bisher offiziell nicht zu den gebenden Industrieländern zählende Staaten, wie China oder die Golfstaaten, aufzufordern, sich mit zu engagieren sowie Beiträge privater Initiativen zu akquirieren. Die neu beschlossene kollektive Klimaschutzfinanzierung (New Collective Quantified Goal on Climate Finance – NCQG) sieht vor, dass besonders solche Nationen Finanzmittel besteuern, bei denen sich die Höhe der Emissionsmenge auch in deren Wirtschaftskraft widerspiegelt. Es wurde über die Transparenz der nationalen Klimaschutzpläne gesprochen und über die Handhabung eines internationalen Emissionshandels diskutiert, [71], wofür Regeln gemäß Artikel 6 des Pariser Übereinkommens beschlossen wurden, [72]. Über den Ausstieg aus den fossilen Brennstoffen konnte weiterhin keine Einigung erzielt werden.

Dies gelang auch nicht bei der **COP 30** (CMP 20, CMA 7). Es kam aber zu dem Beschluss bis 2035 einen globalen Entwaldungsstop zu erreichen un dzur Gründung eines Regenwald-Fonds (Tropical Forest Forever Facility – TFFF). Die finanzielle Unterstützung zur Anpassung an den Klimawandel soll bis 2035 verdreifacht werden, wobei offen bleibt, auf welchen Ausgangswert sich dies bezieht.

Bei der 2026 in Antalya/Türkei anstehenden **COP 31** sollen neben Beschlüssen zur Klimafinanzierung vor allem Fortschritte beim Ausstieg aus fossilen Energien erreicht werden.

2.6 Konferenzerkenntnisse

In einer Bilanz, beginnend mit dem Stockholmer Treffen, bei dem Vertreter von 113 Staaten im Jahr 1972 über die Notwendigkeit eines Schutzes der Umwelt einig waren, bis zur letzten UN-Klimakonferenz (COP) im Jahr 2025, an der fast 200 Staaten teilnahmen, ist als erstes die positive Feststellung zu machen, dass es mit diesen Treffen gelang, einen internationalen, gemeinschaftlichen Dialog zum Umweltschutz in Gang zu setzen. Die gemeinsam formulierten Klimaschutzziele wurden wegen nationaler, politischer und wirtschaftlicher Eigeninteressen immer wieder in Frage gestellt. So haben zum Beispiel die USA das Kyoto-Protokoll nicht ratifiziert, das Übereinkommen von Paris haben sie 2017 verlassen, um dann 2021 wieder bei- und 2025 erneut auszutreten. Den vulnerablen Ländern zur Unterstützung bei der Bewerkstelligung der Folgen des Klimawandels versprochene Zahlungen wurden nicht eingehalten. Gelungen ist es jedoch, mit dem 1992 bei der UN-Konferenz in Rio de Janeiro von einer internationalen Staatengemeinschaft ins Leben gerufenen Konvention, das erste völkerrechtlich verbindliche Rahmenabkommen zum Klimaschutz (UNFCCC) zu schaffen. Die erste konkrete Umsetzung der darauf basierenden Forderungen schlugen sich 1997 im sogenannten Kyoto-Protokoll (KP) nieder, das als internationales Umweltabkommen konkrete Auswirkungen auf alle Wirtschaftsbereiche hatte, [73].

Darauf aufbauend kam es 2015 zum Übereinkommen von Paris (ÜvP), mit dem sich die Vertragsstaaten der Klimarahmenkonvention das Ziel setzten, die Erderwärmung zu stoppen. In diesem Rahmen sollte auch eine zuvor beschlossene Agenda 2030 Berücksichtigung finden, in welcher mit 17 Punkten die globalen Zukunftsziele für einen weltweit nachhaltigen Entwicklungskonsens beschrieben werden, [74]. Obwohl das Abkommen von Paris die Vertragsparteien auf der Grundlage von „gemeinsamen, aber unterschiedlichen Verantwortung und Kapazitäten" zur Zusammenarbeit im Klimaschutz verpflichtet, handelt es sich bei eingehender Betrachtung um vage Versprechen.

Blickt man auf die Entwicklung der bisher abgehaltenen Klimakonferenzen zurück, insbesondere auf die seit 1995 jährlich stattfindenden COP-Gipfeltreffen, so hat sich nicht nur die Anzahl der teilnehmenden Staaten von 116 auf nunmehr fast 200 erhöht, sondern auch die Zahl der anwesenden Personen ist von anfänglich etwa 5.000 über 10.000 (COP 11), 25.000 (COP 23), bis auf 35.000 (COP 27) angestiegen. Für die im Jahr 2024 abgehaltene COP 29 wird die Anzahl der anwesenden Vertreter aus Politik, Wirtschaft, Wissenschaft und nichtstaatlichen Organisationen (NGOs), die ihre Aktivitäten schon seit 1989 in einem Klimaschutznetzwerk (Climate Aktion Network – CAN) koordineiren, mit etwa 54.000 geschätzt. Zusammen mit Lobbyisten und Mitarbeitern der Medien sollen an dem Konferenzgeschehen ungefähr 80.000 Menschen anwesend gewesen sein. Angesichts einer solchen Anzahl an Beteiligten und den unterschiedlichsten nationalen Interessen der Vertragsparteien ist es erstaunlich, dass während der Klimakonferenzen überhaupt Ergebnisse zustande kamen, die zu gemeinsamen Beschlüssen führten. Dieser Umstand lässt sich vor allem damit erklären, dass die Grundlagen für die in der Tagesordnung behandelten Fakten von kompetenten Vertretern der Vertragsparteien in Arbeitskreisen und Vorkonferenzen vorbereitet wurden. Den offiziellen Staatsvertretern oblagen somit vor allem die Beratungen und Beschlussfassungen zu gemeinsamen Entscheidungen.

Gefasste Beschlüsse sind völkerrechtlich nur verbindlich, soweit die Vereinbarungen der Klimarahmenkonvention (UNFCCC) die an der Konferenz teilnehmenden Vertragsparteien dazu ermächtigen. Um eine solche Einschränkung zu umgehen, werden für Beschlüsse oft Formulierungen verwendet, die im Völkerrecht für verbindliche Verpflichtungen stehen, sodass sie wie solche angesehen werden. Die auf den Klimakonferenzen übliche Beschlusspraxis hat sich deshalb einer legislativen Gültigkeit angenähert, weil die nach dem Konsensprinzip gefassten Beschlüsse keiner zwangsläufigen nachträglichen Ratifizierung oder Genehmigung durch die Vertragsparteien mehr bedürfen, sondern sofort wirksam werden, [55].

Die Vertragsparteien können hinsichtlich der Einhaltung beschlossener Regeln und getroffener Vereinbarungen sehr eigenständig verfahren, denn trotz aller zugesagter Transparenz ist ihr diesbezügliches Handeln nur bedingt zu kontrollieren. Selbst bei einer Rechtsverbindlichkeit hat die Nichterfüllung von eingegangenen Verpflichtungen keine Sanktionen zur Folge. Insofern stimmen einige Vertragsstaaten zwar den Zielen der Klimaschutzvereinbarungen zu, ohne gleichermaßen in der Lage oder ggf. überhaupt gewillt zu sein, den für sie daraus resultierenden Pflichten gerecht zu werden. Eine wesentliche Rolle zur Realisierung der auf den Klimakonferenzen getroffenen Beschlüsse spielen die nationalen und internationalen politischen Entwicklungen.

Die Durchführung von Maßnahmen sowohl zur Bekämpfung des Klimawandels als auch zur Anpassung – auf Basis von Beschlüssen – wird erschwert, weil die Industrieländer dafür benötigte Finanzmittel nicht in der zugesagten Höhe zur Verfügung stellen. Zum Beispiel sind die 2009 auf der COP 15 von den Industrieländern gemachten Finanzversprechen nur spärlich eingehalten worden. Auch das Ziel, die finanzielle Unterstützung für die Entwicklungsländer bis 2020 auf jährlich 100 Mrd. US-Dollar anzuheben, wurde nicht erreicht. Tatsächlich waren es 83,3 Mrd. und auch 2021 kamen nur 98,6 Mrd. zusammen. Erst 2022 wurde das versprochene Niveau mit 115,9 Mrd. US-Dollar sogar übertroffen, allerdings nur, weil dabei auch als Kredit geleistete Mittel einbezogen wurden. Diese Beträge, wovon weniger als ein Drittel für die Anpassung an die klimatischen Veränderungen eingesetzt wurden, spiegeln deshalb nicht die reale Unterstützungsleistung wider, weil das Pariser Übereinkommen bei der Berichterstattung über finanzierte klimarelevante Schutzmaßnahmen eine großzügige Handhabung zulässt. Die Hilfsorganisation Oxfam schätzt die wirkliche Unterstützungsleistung der Geberländer auf 28 bis 35 Mrd. US-Dollar, [75, 76]. Da die finanziellen Versprechungen nicht eintreibbar sind, sondern allein von dem guten Willen der Geberländer abhängen, bleibt offen, wie der zur Bekämpfung des Klimawandels und zur -anpassung benötigte Geldbedarf sicher gedeckt werden kann. Nach einer Studie im Auftrag der UNFCCC bräuchten die Entwicklungsländer einen jährlicher Billionenbetrag, um den Ausstoß an Treibhausgasen zu senken und sich an den Klimawandel anzupassen. Solchen finanziellen Anforderungen könnte man näherkommen, wenn sich die Zahl der Geberländer erhöhte. Denn Staaten wie China, Indien, Saudi-Arabien und die Vereinigten Arabischen Emirate, die mit zu den größten Volkswirtschaften der Welt zählen, gehören bis jetzt noch zu den Entwicklungsländern mit Nehmerstatus, da sie 1992 im Anhang der Klimarahmenkonvention nicht bei den Industriestaaten (Annex-I-Länder) aufgenommen wurden, [77]. Dabei ist in den mit der Klimakonvention getroffenen Vereinbarung gerade die Forderung enthalten, dass alle Länder entsprechend ihren Möglichkeiten zum Klimaschutz beitragen sollen und insbesondere zu dessen Finanzierung in wirtschaftlich schwachen Ländern, zumal wenn diese unter Umweltschäden leiden, welche sie selbst nicht verursacht haben.

Blickwinkel

Der mit dem Abhalten der jährlichen Weltklimakonferenz verbundene Aufwand nimmt einen immer größeren Umfang an, und die Anzahl der daran direkt und indirekt teilnehmenden Personen steigt unaufhaltsam. Damit wächst die Gefahr, dass ein solcher Gipfel immer mehr zu einem medienbegleiteten Politikum und zu einer Zusammenkunft von Lobbyisten wird, bei dem die Entscheidungen zum Klimaschutz in den Hintergrund treten. Trotzdem bleibt die Erkenntnis, dass es erst durch diese, auf der Klimarahmenkonvention basierenden Veranstaltungen, besonders dem jährlichen Weltgipfeltreffen, gelungen ist, völkerrechtlich verbindliche Vereinbarungen, wie das Kyoto-Protokoll und das Übereinkommen von Paris, Klimaschutzziele festzulegen, um die Erderwärmung zu begrenzen und Maßnahmen für eine Anpassung an den Klimawandel einzuleiten. Damit wird von den Ländern der internationalen Staatengemeinschaft nicht nur verlangt, den Klimawandel zu stoppen, sondern es sollen auch jene finanziell für Schäden in Anspruch genommen werden, die entstehen, weil durch ihr Handeln die Umwelt belastet wird. Für die internationale Klimapolitik gibt es bisher keine Alternativen zu den auf der Grundlage der Klimarahmenkonvention zum Klimaschutz und die Anpassung an den Klimawandel gesetzten Zielen. Die dazu jährlich stattfindenden Konferenzen (COPs) sind ein wichtiges Instrument, um die Staatengemeinschaft zu einem koordinierten Handeln zu vereinen und den Klimaschutz nicht in Frage zu stellen. Das schließt aber die Notwendigkeit gewisser Reformen nicht aus, weil zum Beispiel eine weiter steigende Teilnehmerzahl und immer längere Konferenzdauer für das Erreichen gemeinsamer Beschlüsse nicht förderlich sein kann. Eine Weltklimakonferenz wird zur Farce, wenn beispielsweise in Vorbereitung der COP 30 Regenwald für den Bau einer vierspurigen Straße gerodet wird, ein neues Tagungsgebäude entsteht und für die Unterbringung der 50.000 erwarteten Konferenzteilnehmer zusätzliche Hotels errichtet werden.

Am Ende jeder jährlichen Weltklimakonferenz ist ein, von allen teilnehmenden Vertragsparteien akzeptiertes Protokoll zu verabschieden, was bei den unterschiedlichsten, in wesentlichen Punkten divergierenden Interessenlagen fast einer Quadratur des Kreises gleicht. Ein von allen unterzeichnetes Schlusskommuniqué lässt sich nur als Kompromiss bewerkstelligen, mit dem man sich den Zielen der Klimarahmenkonvention naturgemäß nur in kleinen Schritten nähert.

2.7 Petersberger Klimadialog

Nachdem die Weltklimakonferenz in Kopenhagen (COP 15) wenig Erfolg brachte, wurde auf Initiative der BRD 2010 ein multilaterales Treffen ins Leben gerufen, um die festgefahrenen Bemühungen für den Klimaschutz wieder in Schwung zu bringen. Da das erste Treffen nahe bei Bonn auf dem Petersberg stattfand, wurde in den Folgejahren ebenfalls zum Petersberger Dialog (Petersberg Climate Dialogue – PCD) eingeladen. Seit 2011 finden diese Treffen, im Jahr 2020 Corona bedingt virtuell abgehalten, als eine Art von Vorkonferenz zum Klimagipfel jährlich in Berlin statt.

Die Zusammenkünfte bieten die Gelegenheit zum zwischenstaatlichen Erfahrungsaustausch in der internationalen Klimapolitik. Sie dienen zur Vorbereitung auf diejenigen Verhandlungspunkte, die bei den Weltklimakonferenzen (COPs) auf der Tagesordnung stehen, und auf die dort zu fassenden Beschlüsse. Industrienationen, Schwellen- und Entwicklungsländer sollen zusammenkommen, um sich über gemeinsame Grundlagen zum Klimaschutz einig zu werden. Es ist von außen schwer zu beurteilen, welchen Einfluss diese Dialoge auf den Verlauf der offiziellen Weltklimakonferenzen bisher hatten, [78].

Literatur

1. P. Laurency: Funktionen wirkungsschwacher Klimaschutzabkommen, Springer Research
2. United Nations: United Nations Conference on the Human Environment
3. D. H. Meadows et al.: The Limits to growth, Potomac Associates Universe Book
4. BMZ – Ministerium für Wirtschaftliche Zusammenarbeit und Entwicklung: Umweltprogramm der Vereinten Nationen (UNEP)
5. J. P. Wölbern et al.: 12.–13. Februar 1979: Erste Klimakonferenz in Genf, Konrad Adenauer Stiftung
6. United Nations: Report of the World Commission on Environment and Development, Our Common Future
7. BMVU – Bundesministerium für Umwelt, Naturschutz, nukleare Sicherheit und Verbraucherschutz: Nachhaltige Entwicklung als Handlungsauftrag
8. BMVU – Bundesministerium für Umwelt, Naturschutz, nukleare Sicherheit und Verbraucherschutz: Montrealer Protokoll: Chronologie der Maßnahmen
9. C. Rohland: Ein Weltrat für den Umweltschutz, Verlag Springer Gabler, Wiesbaden
10. UNFCCC: Rahmenübereinkommen der Vereinten Nationen über Klimaänderungen
11. Deutsche Gesellschaft für die Vereinten Nationen e.V.: Die Vereinten Nationen und der Klimawandel
12. UBA – Umweltbundesamt: Klimakonvention der Vereinten Staaten (UNFCCC)
13. Heinrich-Böll-Stiftung: Zeit der internationalen Umweltpolitik
14. Europäisches Parlament: Übersicht über Klimaverhandlungen
15. UBA – Umweltbundesamt: Internationale Klimapolitik
16. Wikipedia: UN-Klimakonferenzen
17. UNFCCC: The Kyoto Protocol
18. UNFCCC: Paris Agreement
19. UN Network on Migration: Climate Vulnerable Forum Action
20. BMVU – Bundeministerium für Umwelt, Naturschutz, nukleare Sicherheit und Verbraucherschutz: Weltnaturkonferenz CBD COP 15
21. UN CBD-Sekretariat: Global Biodiversity Framework
22. Wikipedia: Umweltprogramm der Europäischen Union
23. Europäische Union: Einheitliche europäische Akte
24. Europäisches Parlament: Umweltpolitik: allgemeine Grundsätze und grundlegende Rahmen
25. EU-Rahmenstrategie für eine krisenfeste Energieunion mit einer zukunftsorientierten Klimaschutzstrategie
26. EU_Mitteilung: Auf dem Weg für eine nachhaltige Zukunft – Europäische Nachhaltigkeitspolitik

27. EU-Verordnung über das Governance-System für eine Energieunion und für den Klimaschutz
28. Europäische Kommission: Ein sauberer Planet für alle
29. Europäische Kommission: Auf dem Weg zu einem nachhaltigen Europa bis 2030
30. UN Resolution: Transformation unserer Welt: die Agenda 30 für nachhaltige Entwicklung
31. Europäische Kommission: EU-Klimazielplan für 2030
32. Europäische Kommission: Der europäische Grüne Deal
33. EU-Klimaschutzgesetz vom 30.06.2021
34. UBA – Umweltbundesamt: Europäische Energie- und Klimaziele
35. Europäische Kommission: „Fit for 55“: Auf dem Weg zur Klimaneutralität Umsetzung des EU-Klimaziels für 2030
36. Europäische Kommission: REPowerEU
37. EU-LULUCF-Verordnung vom 19.04.2023
38. UBA – Umweltbundesamt: Europäische Methanverordnung
39. EU-Richtlinie über die Sorgfaltspflichten von Unternehmen in Hinblick auf Nachhaltigkeit
40. UBA – Umweltbundesamt: Wirkung der Meseberger Beschlüsse vom 23. August 2007 auf die Treibhausgasemission in Deutschland im Jahr 2020
41. BMWK – Bundesministerium für Wirtschaft und Klimaschutz: Klimaschutz in Zahlen
42. WPKS – Über die Wissenschaftsplattform Klimaschutz
43. BMWK – Bundesministerium für Wirtschaft und Klimaschutz: Klimaschutzplan 2050
44. Klimaschutzprogramm 2030 der Bundesregierung zur Umsetzung des Klimaschutzplans 2050
45. Bundesklimaschutzgesetz (KSG)
46. UBA – Umweltbundesamt: Treibhausgasminderungsziele Deutschlands
47. Bundes-Klimaanpassungsgesetz (KAnG)
48. Wikipedia: Intergovernmental Panel on Climate Chance
49. UBA – Umweltbundesamt: Der zwischenstaatliche Ausschuss für Klimaänderungen (IPCC) und seine Berichte
50. UBA – Umweltbundesamt: IPCC Synthesebericht: Fingerzeig und erhobener Zeigefinger
51. DWD – Deutscher Wetterdienst: Klimawandel – ein Überblick
52. ipcc – Deutsche Koordinierungsstelle: IPCC: Zwischenstaatlicher Ausschuss für Klimaänderung
53. UBA – Umweltbundesamt: Gründung des Zwischenstaatlichen Ausschuss für Klimaänderung IPCC)
54. UNFCCC: Das Klimasekretariat
55. Max-Planck-Gesellschaft: Was ist die COP?
56. UBA – Umweltbundesamt: UN-Klimakonferenz (COP 1, COP 2, COP 3. COP 4, COP 5, COP 6, COP 7, COP 8, COP 9, COP 10, COP 11, COP 12, COP 13, COP 14, COP 15, COP 16, COP 17, COP 18, COP 19, COP 20, COP 21, COP 22, COP 23, COP 25)
57. United Nations: Climate Change: Parteigruppierungen
58. Deutsche Gesellschaft für die Vereinten Nationen: Die Vereinten Nationen und der Klimawandel
59. L. Wagener, co_2 online: Die wichtigsten Klimagipfel seit 1992
60. M. Altemeyer-Bartscher u.a.: Der Grüne Klimafond im Verhandlungsprozess der Vereinten Nationen, Wirtschaftsdienst 201, S.133-136
61. UBA – Umweltbundesamt: Warschauer Klimakonferenz: Einigung in der Nachspielzeit
62. UBA – Umweltbundesamt: Klimakonferenz in Marrakesch: Umsetzung des Abkommens von Paris
63. AA – Auswärtiges Amt: Erfolgreicher Abschluss der „COP 24“ in Kattowitz
64. UBA – Umweltbundesamt: Klimakonferenz in Glasgow entscheidet über wirksamen Klimaschutz
65. United Nations: Maßnahmen zum Klimaschutz
66. IEA – International Energy Agency: The global Methane Pledge
67. UBA – Umweltbundesamt: Ergebnisse der 27. Weltklimakonferenz

68. Europäische Kommission: Beschlüsse der UN-Konferenz COP 28: Eine gute Nachricht für die ganze Welt
69. Europäischer Rat: COP 28:
70. UBA – Umweltbundesamt: COP 28 – Bestandsaufnahme des des globalen Klimaschutzes
71. C. Geinitz et al.: Klimaschutz kaufen, Frankfurter Allgemeine Zeitung vom 28.11.2024
72. Europäische Kommission: COP 29: EU Treiber bei Einigung über CO_2-Marktregeln und neues Klimafinanzierungsziel
73. BMZ – Bundesministerium für wirtschaftliche Zusammenarbeit und Entwicklung: Kyoto-Protokoll
74. J. Martens, W. Obenland: Die Agenda 2030
75. Deutsche Klimafinanzierung: OECD: Klimafinanzierung knackt 100-Milliarden-Marke
76. Heinrich Böll Stiftung: Gebrochene Versprechen: Industriestaaten halten 100 Milliarden Dollar Klimazusage nicht ein
77. D. Wetzel et al.: Billionen für Baku, Welt am Sonntag vom 10.11.2024
78. Wikipedia: Petersberger Klimadialog

Besondere Internationale Übereinkommen 3

3.1 Kyoto-Protokoll

3.1.1 Historie

Bereits 1859 stellte der irische Physiker John Tyndall (1820–1893) fest, dass in der Luft enthaltenes Kohlendioxid deren Strahlungsdurchlässigkeit mindert und dies eine Erwärmung der Erde bewirken könnte. Der spätere Nobelpreisträger für Chemie, Svante August Arrhenius (1859–1927), unternahm hierzu ebenfalls Laborversuche und machte auf die, in Folge der Industrialisierung steigende CO_2-Emission aufmerksam. Er stellte Berechnungen an und kam zu dem Ergebnis, dass eine Verdoppelung des CO_2-Gehalts in der Atmosphäre zu einem Anstieg der Erdtemperatur um 5–6 °C führen müsste. Es ist das Verdienst des Klimaforschers Charles Keeling, über die Auswertung jahrelang erfolgter Messungen den Anstieg der CO_2-Konzentration in der Atmosphäre aufzuzeigen (Keeling-Kurve) und daraus den Schluss zu ziehen, dass der zu erkennende Anstieg ursächlich mit dem gleichermaßen zunehmenden, vor allem durch die Industrialisierung bedingten CO_2-Ausstoß, zusammenhing, [1].

Nachdem die anthropogenen Treibhausgasemissionen als Hauptverursacher für die anomale Erhöhung der globalen Erdtemperatur und dem damit zusammenhängenden Klimawandel erkannt wurden, beschäftigte sich nicht nur die Wissenschaft intensiver mit dieser Problematik, sondern es gab eine breite Resonanz in der Öffentlichkeit und – außer dem Aktivismus privater Initiativen – hatte dies Reaktionen der politischen Gremien zur Folge. Neben den daraus resultierenden nationalen Maßnahmen, begannen auch Bemühungen, auf internationaler Ebene eine Bereitschaft zur Reduzierung des Ausstoßes von Treibhaus-

K. H. Lillich, *Internationale Klimarahmenkonventionen und nationale Klimaschutzprogramme*, https://doi.org/10.1007/978-3-658-50029-0_3

gasen zu erreichen. Nach vorausgegangenen multilateralen Vereinbarungen führten diese schließlich zu der Klimarahmenkonvention (UNFCCC), als völkerrechtliche Basis für globale Klimaschutzverpflichtungen der internationalen Staatengemeinschaft. Bereits in der daraus resultierenden ersten Konferenz (COP 1) vereinbarten die Vertragsparteien, ein Programm zur Minderung der Treibhausgasemissionen auszuarbeiten, was dann bei der 1997 in Kyoto abgehaltenen dritten Klimakonferenz (COP 3) beschlossen wurde. Die Prinzipien des damit zustande gebrachten Übereinkommens, mit dem sich die Vertragsstaaten der UN-Klimarahmenkonvention (UNFCCC) erstmalig rechtsverbindlich zu einer Begrenzung der Treibhausgasemissionen verpflichten ließen, wurden in dem Protokoll von Kyoto (Kyoto Protocol KP) niedergelegt, [2]. 1999 war es schließlich von 84 Vertragsparteien unterzeichnet, [3].

Für das Inkrafttreten des Protokolls war es erforderlich, dass mindestens 55 Vertragsparteien der Klimarahmenkonvention ihre Ratifizierungs-, Genehmigungs- und Beitrittsurkunden hinterlegten. Außerdem müssen auf die dazugehörenden Annex-I-Ländern mindestens 55 % der gemeinsamen Kohlendioxidemissionen entfallen, (Tab. 3.1). Während das Staatenkontigent schnell erreicht wurde, dauert es Jahre bis zur Erfüllung der Treibhausgasquote, [4]. Erst im Rahmen der COP 6 und COP 7 wurde der Weg für die Ratifizierung geebnet und dieser, nach der Zustimmung Russlands so abgeschlossen, dass das Protokoll am 16.02.2005 in Kraft treten konnte. Unter den damals 150 Vertragsparteien fehlten die zu den Annex-I-Ländern zählenden Vereinigten Staaten von Amerika und Australien, welche – gemeinsam mit Indien, Japan, China und Südkorea – 2005 ein eigenes Klimaschutzabkommen vereinbarten. Darin wurden keine Emissionsgrenzen fixiert, sondern auf die Entwicklung von klimafreundlichen Technologien sowie auf bessere Energieeffizienz durch Technologietransfer und den Einsatz erneuerbarer Energien gesetzt, [5].

Im Rahmen der COP 18 wurde 2012 beschlossen, die Laufzeit des Protokolls und die Gültigkeit der darin festgeschriebenen Vereinbarungen über die erste Verpflichtungsperiode hinaus, mit einer zweiten bis zum Jahr 2020, zu verlängern. Allerdings nahmen Japan, Neuseeland und Russland an dieser Laufzeitverlängerung nicht teil, Kanada war bereits 2011 ausgeschieden. Die verbliebenen Vertragsparteien, welche gemeinsam für etwa 15 % der globalen Emissionen verantwortlich waren, verpflichteten sich, die Treibhausgasemissionen bis 2020, gegenüber dem Referenzwert aus dem Jahr 1990, gemeinsam um 18 % zu senken, die EU-Staatengemeinschaft wollte sogar 20 % realisieren. Im Vergleich zur ersten Verpflichtungsperiode gab es einige Veränderungen, zum Beispiel im Emissionshandel und mit der Einbeziehung von Stickstofftrifluorid NF_3 zu den reglementierten Treibhausgasen das u. a. bei der Produktion von Bildschirmen und Solarzellen emittiert wird, (Tab. 3.2). Außerdem änderte sich die Methodik für die Berechnung des klimawirksamen Potenzials eines Gases in Relation zu CO_2 (CO_2-Äquivalent), [6, 7].

Tab. 3.1 Kohlendioxidbegrenzung oder -reduktion. (Daten: KP [2], WDDB [5])

	Annex-I-Länder	Annex-B-Länder	
	CO_2-Emissionen	Emissionsbegrenzungs- oder -reduktionsverpflichtung	
	1990	1997	2005
Vertragspartei	10^6 t	%	%
Australien	289,0	108	
Belgien	113,4	92	92,5
Bulgarien	83,0	92	92
Dänemark	52,1	92	79
Deutschland	1.012,4	92	79
Estland	37,8	92	92
EU		92	92
Finnland	53,9	92	100
Frankreich	366,5	92	100
Griechenland	82,1	92	125
Irland	30,7	92	113
Island	2,2	92	110
Italien	428,9	110	93,5
Japan	1.173,4	92	94
Kanada	457,4	94	94
Kroatien		94	
Lettland	23,0	95	92
Liechtenstein	0,3	92	92
Litauen		92	92
Luxemburg	11,3	92	72
Monaco	0,1	92	
Neuseeland	25,5	100	100
Niederlande	167,6	92	94
Norwegen	35,5	101	101
Österreich	59,2	92	87
Polen	414,9	94	94
Portugal	42,1	92	
Rumänien	171,1	92	92
Russland	2.388,7	100	100
Schweden	61,3	92	104
Schweiz	43,6	92	92
Slowakei	58,3	92	92
Slowenien		92	92
Spanien	260,7	92	115
Tschechien	169,5	92	92
Ukraine		100	100
Ungarn	71,7	94	94
USA	4.957,0	93	
Großbritannien	584,1	92	87,5
Gesamt	13.728,3		

Tab. 3.2 Treibhausgase, Sektoren, Emissionsquellen. (Daten: KP [2])

Bezug		
Treibhausgase	Sektoren	Emissionsquelle
Kohlendioxid CO_2	Energiewirtschaft	feste Brennstoffe
Methan CH_4	Industrie (Produktionsprozesse)	Öle
Distickstoffoxid N_2O	Gewerbe	Gase
Fluorkohlenwasserstoffe HFKW/HFC	Verkehr	Sonstige
Kohlenwasserstoffe FKW/PFC	Landwirtschaft	
Schwefelhexafluorid SF_6	Abfallwirtschaft	
	Sonstige	

3.1.2 Inhalt

In der Einleitung des Protokolls wird auf das bereits mit dem Berliner Mandat (COP 1) formulierte Ziel hingewiesen, langfristig ein Übereinkommen zu erreichen, um, wie aus dem übersetzten Text zitiert, „eine gefährliche anthropogene Störung des Klimasystems" zu verhindern, [2]. Ein Schritt in diese Richtung war die protokollierte Konsensentscheidung, wonach die Industriestaaten verpflichtet wurden, innerhalb des Zeitraums 2008 bis 2012 den gemeinsamen Ausstoß von Treibhausgasen um mindestens 5 % (es werden auch 5,2 % genannt) gegenüber 1990 zu verringern.

Im **Artikel 2** sind von den Vertragsparteien –aufgeführt in Anlage I (Tab. 3.1) – Vorgaben vereinbart, wie, entsprechend ihrer jeweiligen nationalen Politik, Möglichkeiten und Maßnahmen zur Erfüllung quantifizierter Emissionsbegrenzungs- und Reduktionsverpflichtungen umzusetzen sind. Es geht um die Verbesserung der Energieeffizienz, den Schutz und die Verstärkung von Senken und Speichern für Treibhausgase, die vermehrte Nutzung von erneuerbaren Energien und die Entwicklung umweltverträglicher Technologien. Marktwirtschaftliche Vorteile, welche mit der Emission von Treibhausgasen zusammenhängen, sollen abgeschafft werden, dagegen wird zu Reformen und Maßnahmen ermutigt, die das Ziel haben, den Ausstoß von Treibhausgasen zu begrenzen. Der Verkehrssektor wird in diesem Zusammenhang besonders hervorgehoben. Die Vertragsparteien sind zur Zusammenarbeit und dem Austausch ihrer Erfahrungen beim Praktizieren der mit dem Protokoll vorgegebenen Politiken und Maßnahmen verpflichtet, wozu auch die Möglichkeiten zur Verbesserung der Vergleichbarkeit, Transparenz und Wirksamkeit gehören. Jedes Land sollte so handeln, dass nachteilige Auswirkungen auf Klimaveränderungen, den Welthandel, den Sozialbereich, die Umwelt und die Wirtschaft anderer, hier besonders der Entwicklungsländer, so gering wie möglich gehalten werden.

Nach **Artikel 3** sollen die Vertragsparteien einzeln oder gemeinsam dafür sorgen, dass die in einer Anlage A samt ihrer Emissionsquellen und Sektoren aufgeführten sechs Treibhausgase (Tab. 3.2) die für Annex-B-Länder quantifizierten Reduzier- bzw. Begrenzungsquoten (Tab. 3.1) nicht überschreiten. Innerhalb der Jahresfristen 2008 bis 2012 soll die Emission um mindestens 5 % unter das länderbezogen und insgesamt vorgegebene Niveau von 1990 sinken, (Tab. 3.1). Der Abbau von CO_2-Äquivalenten durch Senken oder dessen Speicherung wird in den Bilanzen berücksichtigt, ebenso ein zwischen den Vertragspartner unter bestimmten Bedingungen erlaubter CO_2-Ausgleichshandel. Dabei wird davon ausgegangen, dass die Gesamtmenge wenigstens der Summe der Einzelreduktionsverpflichtungen entspricht (**Artikel 4, Artikel 6**). In einer vorgegebenen Art und Weise soll jährlich über die Erfüllung der auferlegten Verpflichtungen informiert werden (**Artikel 7**). Das dazu Vorgelegte wird dann nach einer vorgegebenen Ordnung überprüft (**Artikel 8**).

In **Artikel 10** wird den Vertragsparteien auferlegt, im Rahmen ihrer speziellen nationalen und regionalen Entwicklungsprioritäten Programme zur Bekämpfung der Klimaänderung zu erarbeiten und regelmäßig aktuelle Verzeichnisse der anthropogenen Treibhausgasemissionen zu erstellen. Hinsichtlich der Modalitäten für die Entwicklung und Anwendung umweltverträglicher Technologien soll zusammengearbeitet werden, insbesondere bezüglich der Weitergabe an Entwicklungsländer. Auch was wissenschaftliche und technische Forschung betrifft, wird an Gemeinsamkeit appelliert, ebenso bei der Beteiligung an internationalen Bemühungen, nachteilige Auswirkungen des Klimawandels zu verringern, ebenso im Zusammenhang mit den wirtschaftlichen und sozialen Folgen verschiedener Bewältigungsstrategien. Die Entwicklungsländer sollen in ihren Anstrengungen um eine Reduzierung des Treibhausgasanfalls, mit einem angemessenen Lastenausgleich zwischen den Vertragsparteien, finanziell unterstützt werden, (**Artikel 11**).

In **Artikel 12** wird ein Mechanismus festgelegt, mit dem die nicht in Anlage I (Tab. 3.1) aufgeführten Vertragsparteien unterstützt werden, um ihrerseits an der Erfüllung quantifizierter Emissionsbegrenzung mitzuwirken. Sie können dazu Nutzen aus Projektmaßnahmen ziehen und zertifizierte Emissionsreduzierungen mit den in Anlage I (Tab. 3.1) genannten Vertragsparteien verrechnen. Der Gebrauch des Mechanismus für umweltverträgliche Entwicklung und die Teilnahme am Emissionshandel steht privaten und öffentlichen Einrichtungen offen, unterliegt aber den von einem Exekutivrat bestimmten Auflagen.

Die im **Anhang B** aufgeführten Länder (Annex-B-Länder) können sich, ergänzend zu den im eigenen Land dazu ergriffenen Maßnahmen gegenseitig arrangieren, um ihre Emissionsbegrenzungs- und -reduzierungsverpflichtungen (Tab. 3.1) zu erfüllen (**Artikel 17**).

In weiteren Artikeln werden die grundlegenden Regularien des Protokolls behandelt. Demnach dient die Konferenz der Vertragsparteien (Conference of Parties serving as meeting of the Parties to the Protocol – CMP) als oberstes Gremium; Staaten die lediglich Vertragspartner der Klimarahmenkonvention sind sowie fachkundig vertretene Organisationen können, ohne Stimmrecht, teilnehmen. Es werden die Aufgaben beschrieben, welche bei einer Tagung der Vertragsparteien anstehen. Des Weiteren gibt es Festlegungen, welche die Modalitäten für die Kontrolle, die Berichtserstattung und den Emissionshandel betreffen. Es wird festgeschrieben, welcher Modus für Änderungen der Protokollfestlegungen gilt und wie zu verfahren ist, wenn dazu kein Konsens erreicht wird.

Die mit dem Kyoto-Protokoll eingegangenen Verpflichtungen wurden mit dessen Inkrafttreten nur für diese Vertragsparteien wirksam, die es enggültig ratifizierten – nicht also für Annex-B-Staaten wie Australien, Kroatien und die USA. Die EU nutzte, entsprechend einer von den zu ihr gehörenden Ländern 1998 getroffenen Vereinbarung, bei den Reduktionsquoten die Möglichkeit des Lastenausgleichs.

Zusammenfassend gibt das Kyoto-Protokoll zur ökonomischen und effizienten Gestaltung des Klimaschutzes vier sogenannte flexible Mechanismen vor [8]:

- Emissionsglocke (Bubble), die den Annex-I-Ländern (Tab. 3.1) erlaubt, ihre nationalen Emissionsminderungspotenziale durch Senken zusammenzulegen (Artikel 4.1);
- Joint Implementation (JI), wonach die Annex-I-Länder (Tab. 3.1) Projekte zur Emissionsminderung und zum Klimaschutz gegenseitig verrechnen können (Artikel 6);
- Clean Development Mechanism (CDM), der den Annex-I-Ländern (Tab. 3.1) die Möglichkeit einräumt, Projekte zur Erfüllung ihrer Emissionsminderungsverpflichtungen auch in Nicht-Annex-I-Ländern durchzuführen, zum Beispiel Klimaschutzprogramme in Entwicklungsländern finanziell zu unterstützen und sich die damit erreichte Emissionsminderung gutschreiben zu lassen (Artikel 12);
- Emissionshandel (Emission Trading), mit dem die Annex-B-Länder (Tab. 3.1) ihren Reduktionsverpflichtungen durch den Erwerb von Emissionszertifikaten nachkommen können. Andererseits wird es Ländern, welche die vereinbarten Emissionsgrenzen unterschreiten, ermöglicht, Emissionsrechte zu verkaufen (Artikel 17), [9].

Grundsätzlich hatten die im Kyoto-Protokoll festgeschriebenen Verpflichtungen das Ziel, die Emissionen der sechs schädlichsten Treibhausgase (Tab. 3.2) zu reduzieren und zu begrenzen. Die für die Annex-B-Länder dafür in Bezug auf das Basisjahr 1990 zunächst geltenden Emissionsgrenzen wurden bis zum Inkrafttreten des Protokolls teilweise modifiziert und es hatten sich noch 23 Vertragspartner 2005 zur verschärften Reduktion des Treibhausgasausstoßes verpflichtet. Einige sollten ihren Ausstoß lediglich stabilisieren, verschiedenen Ländern wurde sogar eine Erhöhung zugestanden, (Tab. 3.3). Unverändert galt, die anthropogenen Gesamtemissionen der Treibhausgase (Tab. 3.1), im Vergleich zu 1990, bis 2012 um mindestens 5 % zu mindern.

Tab. 3.3 Veränderung der Treibhausgasemissionen. (Daten: KP [2], WDDB [5], EDGAR [10])

	Emissionbegrenzung		Emissionsveränderung		
	1997	2005	2008	2012	2020
Land	%		%		
Australien	108		139,8	142,9	137,5
Belgien	92	92,5	100,8	90,7	81,5
Bulgarien	92	92	65,5	60,0	47,5
Dänemark	92	79	97,3	74,1	53,0
Deutschland	92	79	81,3	78,6	63,0
Estland	92	92	53,4	54,5	30,4
Finnland	92	100	109,6	96,3	72,4
Frankreich	92	100	104,2	99,6	78,1
Griechenland	92	125	124,0	99,3	63,7
Irland	92	113	150,2	121,8	111,4
Island	92	110	172,7	168,2	140,9
Italien	110	93,5	108,3	91,9	68,8
Japan	92	94	104,3	111,7	90,6
Kanada	94	94	126,9	125,4	119,2
Lettland	95	92	37,0	34,8	31,7
Luxemburg	92	72	99,1	96,5	71,7
Neuseeland	100	100	142,0	136,1	136,1
Niederlande	92	94	106,7	101,7	84,9
Norwegen	101	101	128,2	128,5	122,3
Österreich	92	87	125,8	116,4	105,7
Polen	94	94	78,3	77,1	71,4
Portugal	92	127	140,6	118,1	96,9
Rumänien	92	92	60,7	50,7	44,1
Russland	100	100	73,0	75,1	74,9
Schweden	92	104	85,0	76,5	63,8
Schweiz	92	92	105,5	100,0	82,3
Slowakei	92	92	69,8	61,4	55,4
Spanien	92	115	131,5	109,9	83,2
Tschechien	92	92	73,9	67,0	55,6
Ungarn	94	94	79,9	66,0	69,2
USA	93		114,8	102,6	90,1
Großbritannien	92	87,5	91,0	82,3	54,9
Insgesamt	95		100,5	94,5	82,2

3.1.3 Resultat

Zum einen dauerte es fast acht Jahre, bis das Kyoto-Protokoll in Kraft trat, zum anderen gelang es nicht, wenigstens die Industrieländer zu einer globalen Verpflichtungserklärung für die Begrenzung und Reduzierung der maßgebenden Treibhausgase (Tab. 3.2) zu vereinen. Das gilt auch für die Verlängerung des Kyoto-Protokolls über das Jahr 2012 hinaus bis 2020, allerdings verlor sie auch deshalb an Bedeutung, weil mit dem, während der COP 21 (2015, Paris) beschlossenen, Übereinkommen eine weitreichende Alternative zum Zuge kam. Trotz dieser Einschränkung hatte es Auswirkung auf die weltweite Klimapolitik, wie zum Beispiel auf die in der Europäischen Union vereinten Länder, die innerhalb ihrer Gemeinschaft eine eigene Lastenverteilung vornahmen, um die achtprozentige Reduktionsverpflichtung zu erfüllen, [5].

In Tab. 3.3 sind die von den Annex -I- Ländern, bezogen auf das Basisjahr 1990, angegebenen Emissionsveränderungen bis 2008, 2012 und 2020 eingetragen und zum Vergleich sind auch die verpflichtenden Zielwerte aufgeführt, (Tab. 3.1). Danach wurde zwar die generelle Forderung, die anthropogene Gesamtemission der Treibhausgase bis 2012 um mindestens 5 % zu senken erreicht, mehrere der Vertragspartner erfüllten aber ihre Verpflichtungen nicht, selbst wenn man die Frist bis 2020 ausdehnt und als Maßstab die Werte von 2005 zu Grunde legt. Schwerwiegend ist dies bei den Industrieländern Japan und Kanada sowie den Vereinigten Staaten, welche das Protokoll zwar unterschrieben, aber nie ratifiziert haben und damit keine Verpflichtungen eingegangen sind. Deutschland hat den bis 2012 mit 21 % angestrebten Zielwert erreicht, in der EU betrug die Minderungsquote 15 %. Unter Wahrnehmung der Möglichkeit, die Minderungspotenziale untereinander auszugleichen, wurde für die EU-Länder 2018 eine Lastenverteilungsverordnung kreiert. Mit dieser wurden für die Verringerung der Treibhausgasemissionen, die nicht unter das Emissionshandelssystem fallen, im Vergleich zu 2005, für 2030 Zielwerte vorgegeben, die 2023 nochmals eine Verschärfung erfuhren, [11]. In Tab. 3.4 sind, für die Annex-B-Länder, die in den Jahren 2008, 2012 und 2020 emittierten anthropogenen CO_2-Äquivalente aufgelistet und die sich ergebenden prozentualen Veränderungen, bezogen auf das Basisjahr 1990, ausgewiesen. Man erkennt den Rückgang der Emissionen in Europa, gleichermaßen aber auch einen weltweiten Anstieg.

Tab. 3.4 CO_2-Emissionen im Vergleich zu 1990. (Daten: EDGAR [10])

	CO_2-Äquivalente				CO_2-Minderung vergl. 1990		
	1990	2008	2012	2020	2008	2012	2020
Land	10^6 t				%		
Australien	277,2	404,0	413,1	397,4	45,7	49,0	43,4
Belgien	115,8	114,3	102,8	92,4	−1,3	−11,2	−20,2
Bulgarien	79,8	54,4	49,8	39,4	−31,8	−37,6	−50,6
Dänemark	52,4	50,7	38,6	27,6	−3,2	−26,3	−47,3
Deutschland	1.008,1	823,5	795,7	637,4	−18,3	−21,1	−36,8
Estland	37,9	20,2	20,6	11,5	−46,7	−45,6	−69,7
Finnland	56,2	59,1	51,9	39,0	5,2	−7,7	−30,6
Frankreich	384,0	382,0	365,2	286,3	−0,5	−4,9	−25,4

Land	CO_2-Äquivalente				CO_2-Minderung vergl. 1990		
	1990	2008	2012	2020	2008	2012	2020
	10^6 t				%		
Griechenland	77,9	101,8	81,5	52,3	30,7	4,6	−32,9
Irland	32,2	46,1	37,4	34,2	43,2	16,1	6,2
Island	2,3	3,8	3,7	3,1	65,2	60,9	34,8
Italien	424,7	464,7	394,0	295,1	9,4	−7,2	−30,5
Japan	1.165,4	1.224,1	1.310,7	1.062,9	5,0	12,5	−8,8
Kanada	440,4	580,6	573,5	545,0	31,8	30,2	23,8
Kroatien	24,8	23,2	18,7	17,0	−6,5	−24,6	−31,5
Lettland	19,7	8,5	8,0	7,3	−56,9	−59,4	−62,9
Litauen	34,9	15,8	14,5	14,2	−54,7	−58,5	−59,3
Luxemburg	11,7	11,2	10,9	8,1	−4,3	−6,8	−30,8
Neuseeland	23,8	36,2	34,7	34,7	52,1	45,8	45,8
Niederlande	163,9	178,9	170,5	142,3	9,2	4,0	−13,2
Norwegen	36,5	45,5	45,6	43,4	24,7	24,9	18,9
Österreich	61,6	74,5	68,9	62,6	20,9	11,9	1,6
Polen	371,0	324,7	319,8	296,3	−12,5	−13,8	−20,1
Portugal	43,7	59,2	49,7	40,8	35,5	13,7	−6,6
Rumänien	186,4	103,9	86,7	75,4	−44,3	−53,5	−59,5
Russland	2.354,0	1.744,6	1.793,6	1.789,3	−25,9	−23,8	−24,0
Schweden	56,5	52,1	46,9	39,1	−7,8	−17,0	−30,8
Schweiz	44,8	46,0	43,6	35,9	2,7	−2,7	−19,9
Slowakei	60,1	40,7	35,8	32,3	−32,3	−40,4	−46,3
Slowenien	14,9	18,9	15,5	13,5	26,8	4,0	−9,4
Spanien	231,6	342,7	286,6	217,0	48,0	23,7	−6,3
Tschechien	164,7	125,3	113,5	94,2	−23,9	−31,1	−42,8
Ukraine	779,6	347,5	318,8	192,0	−55,4	−59,1	−75,4
Ungarn	71,7	57,3	47,3	49,6	−20,1	−34,0	−30,8
USA	4.984,1	5.689,7	5.088,3	4.466,7	14,2	2,1	−10,4
Großbritannien	581,0	531,4	480,7	320,5	−8,5	−17,3	−44,8
Gesamt	14.475,3	14.207,1	13.337,1	11.515,8	−1,9	−7,9	−20,4
EU	3.793,3	3.525,0	3.240,8	2.633,5	−7,1	−14,6	−30,6
Welt	22.516,8	32.307,3	35.380,0	35.944,5	43,5	57,1	59,6

Blickwinkel

Mit dem Kyoto-Protokoll gelang zwar erstmalig ein multilaterales Abkommen zur Begrenzung und Reduzierung der Treibhausgasemissionen, die Erfüllung der von den Vertragspartnern auferlegten Verpflichtungen hing letztlich aber von deren Gutdünken ab. Wenn dagegen verstoßen wurde, waren keine Sanktionen zu erwarten.

Manche Länder waren mit ihren wirtschaftlichen Möglichkeiten nicht in der Lage, die zur Erfüllung der eingegangenen Reduzierungsverpflichtung notwendigen Maßnahmen umzusetzen. Um hier zu helfen, bieten Staaten, wie zum Beispiel Deutschland an, dass eine Nation ihre Schulden gegen Investitionen in den Klimaschutz verrechnen kann (Debt-for-Climate Swaps-DFCS), [12]. Problematisch war außerdem, dass man sich bei den Abmachungen im Wesentlichen nur auf, vorwiegend in Europa liegende Industriestaaten, beschränkte und Schwellen- und Entwicklungsländer nicht mit einbezog. Die wichtigsten davon waren schon 1990 für etwa ein Viertel der emittierten CO_2-Äquivalente verantwortlich und deren Industrialisierung entwickelte sich rasant, mit der Folge enorm ansteigender Schadstoffemissionen. Dieser, in der Zielsetzung im Kyoto-Protokoll nicht berücksichtigte Weltanteil betrug 2023 fast 60 %. Davon gingen 34 % zu Lasten Chinas, Indien war mit etwa 7 % beteiligt, (Tab. 3.5). Allein in Indien hat die Emission von Treibhausgasen zwischen 1990 und 2012 um etwa das Doppelte der im Kyoto-Protokoll für die Annex-B-Staaten verlangten Reduzierung zugenommen, bei China handelt es sich fast um das Zehnfache. Von den in Tab. 3.6 für 2023 als größte Emittenten von Treibhausgasen erfassten 20 Staaten, war die Hälfte nicht in das Kyoto-Protokoll eingebunden. Die Industrieländer, in welchen 1990 noch etwa 60 % der globalen Emissionen verursacht wurden, sind jetzt für weniger als ein Drittel verantwortlich, bis 2030 sollen rund drei Viertel aus Schwellen- und Entwicklungsländern stammen, [13].

Tab. 3.5 CO_2-Emissionen, Nicht-Annex-B-Länder. (Daten: EDGAR [10])

		1990		2023	
		CO_2	Weltanteil	CO_2	Weltanteil
Rang 1990	Land	10^6 t	%	10^6 t	%
1	China	2.414,3	10,64	13.259,6	33,98
2	Indien	600,7	2,65	2.956,2	7,58
3	Südafrika	314,3	1,39	397,4	1,02
4	Mexiko	289,7	1,28	487,1	1,25
5	Südkorea	299,1	1,32	573,5	1,47
6	Kasachstan	248,7	1,10	239,9	0,61
7	Brasilien	226,9	1,00	479,5	1,23
8	Iran	208,5	0,92	778,8	2,00
9	Saudi-Arabien	173,9	0,77	622,9	1,60
10	Indonesien	161,8	0,71	674,5	1,73
11	Türkei	155,2	0,68	438,3	1,12
12	Nordkorea	131,9	0,58	64,3	0,16
13	Taiwan	130,7	0,58	279,8	0,72
14	Usbekistan	127,9	0,56	137,9	0,35
15	Belarus	105,5	0,47	54,2	0,14

		1990		2023	
		CO_2	Weltanteil	CO_2	Weltanteil
Rang 1990	Land	10^6 t	%	10^6 t	%
16	Argentienien	100,2	0,44	183,8	0,47
17	Thailand	95,4	0,42	274,2	0,70
18	Ägypten	91,5	0,40	249,3	0,64
19	Nigeria	81,3	0,36	127,9	0,33
20	Irak	69,4	0,31	192,9	0,49
	Welt	22.680,5	26,57	39.023,9	57,59

Tab. 3.6 Länder mit den höchsten CO_2-Emissionen 2023. (Daten: EDGAR [10])

		CO_2	Weltanteil
Rang	Land	10^6 t	%
1	China	13.259,6	33,98
2	USA	4.682,0	12,00
3	Indien	2.956,2	7,58
4	Russland	2.069,5	5,30
5	Japan	944,8	2,42
6	Iran	778,8	2,00
7	Indonesien	674,5	1,73
8	Saudi-Arabien	622,9	1,60
9	Deutschland	583,0	1,49
10	Kanada	575,0	1,47
11	Südkorea	573,5	1,47
12	Mexiko	487,1	1,25
13	Brasilien	479,5	1,23
14	Südafrika	397,4	1,02
15	Australien	373,6	0,96
16	Italien	305,5	0,78
17	Großbritannien	302,1	0,77
18	Polen	286,9	0,74
19	Malaysia	283,3	0,73
20	Frankreich	282,4	0,72

3.2 Übereinkommen von Paris

3.2.1 Historie

Die genannten Schwächen des Kyoto-Protokolls wurden erkannt: Nämlich, keine Beteiligung von Staaten mit hohem CO_2-Potenzial an diesem Vertragswerk und fehlendes Arrangement mit den Schwellen- und Entwicklungsländern, in denen der Großteil der Erdbevölkerung lebte. Von einer Industrialisierung weit entfernte Nationen, welche am wenigsten für die klimaschädlichen Schadstoffemissionen verantwortlich waren, litten unter den damit verursachten Schäden und waren oft nicht in der Lage, ohne fremde Hilfe Gegenmaßnahmen einzuleiten und sich an veränderte Lebensbedingungen anzupassen. Die einseitige Orientierung des, nach einem Jahre dauernden Ratifizierungsverfahren, zunächst bis zum Jahr 2012 beschlossenen und dann bis 2020 verlängerten Kyoto-Protokolls sollte korrigiert werden. Deshalb wurde über ein Klimaschutzabkommen nachgedacht, mit dem die Vorgaben zur Reduzierung der Emissionen und für Maßnahmen zur Anpassung an den Klimawandel, innerhalb einer globalen Staatengemeinschaft, mehr auf die nationalen Bedürfnisse und Möglichkeiten ausgerichtet waren.

Bereits auf der 2010 in Cancún abgehaltenen Klimakonferenz (COP 16) stand die Anpassung an die Klimaänderungen auf der Tagesordnung. Auf dem 2011 stattfindenden Klimagipfel (COP 17) wurde über die Erarbeitung eines rechtsverbindlichen Klimaschutzabkommens beraten und auf der nächsten Vertragskonferenz die Vorlage eines solchen bis 2015 beschlossen. Während eines Treffens, in Warschau (COP 19) wurde die Bewältigung der aus dem Klimawandel resultierenden Schäden und Verluste behandelt. Dabei ging es besonders um die Einbindung der Entwicklungsländer durch technische, vor allem aber auch finanzielle Unterstützung der Industriestaaten. Nach weiteren Beratungen und Beschlussfassungen über die Mechanismen und die Finanzierung der damit auferlegten Verpflichtungen, kam es, im Jahr 2015 zu dem Übereinkommen von Paris (Paris Agreement – PA), [14].

In der Folgezeit wurde ausführlich über dessen Umsetzung debattiert, Kompromisse für ein Regelbuch gefunden und ein Fonds für die finanzielle Unterstützung der Entwicklungsländer zur Kompensation von Schäden durch den Klimawandel und Anpassung an diesen, beschlossen. Das Übereinkommen von Paris wird mitunter als Nachfolge des Kyoto-Protokolls gesehen, obwohl Letzteres noch bis 2020 galt und im Gegensatz zu diesem, jetzt viel mehr Staaten verpflichtet wurden, ihren Beitrag zum Klimaschutz zu leisten. Allerdings ist die damit verbundene Minderung von Treibhausgasen nicht in den rechtlich verbindlichen Teil des Übereinkommens aufgenommen worden, sodass es sich lediglich um nationale Selbstverpflichtungen handelt, [15]. Es bietet keine Handhabung, um die dem Abkommen beigetretenen Länder zu einer ambitionierten Klimaschutzpolitik zu zwingen.

Nachdem auf der COP 21 2015 in Paris der Text des Übereinkommens beschlossen worden war, lief das Ratifizierungsprocedere so zügig ab, dass das Übereinkommen bereits im November 2016 als rechtsverbindlicher internationaler Vertrag in Kraft treten konnte. Damit verpflichtete sich eine weltweite Staatengemeinschaft aus 195 Ländern und der EU als regionale Wirtschaftsorganisation zur gemeinsamen Bekämpfung der durch den Klimawandel bewirkten Bedrohung. Einige Länder, wie die Türkei haben das Abkommen erst später ratifiziert, andere, wie Libyen, Jemen und der Iran – 2023 immerhin für 2 % der globalen Treibhausgasemissionen verantwortlich, (Tab. 3.5) – haben es nicht unterschrieben.

Mit dem Abkommen von Paris war man bestrebt, ein Dokument zu schaffen, in dem alle mit dem Klimawandel zusammenhängenden Bereiche erfasst sind. Es wurde dokumentiert, wie sich durch eine Minderung der anthropogenen Umweltbelastungen die negative Beeinflussung der natürlichen Ökosysteme abschwächen und sich die sonst für den Klimaschutz und die Folgen des Klimawandels aufzubringenden Kosten verringern lassen.

3.2.2 Inhalt

In der Präambel wird die Notwendigkeit einer wirksamen Reaktion auf die akute Bedrohung durch die Klimaänderung betont und dazu auf den Zusammenhang zwischen deren Bewältigung und einer nachhaltigen Entwicklung für das menschliche Dasein hingewiesen. Es soll der Grundsatz der Gerechtigkeit gelten und die Verfolgung gesetzter Ziele, in gemeinsamer Verantwortung und angesichts der unterschiedlichen nationalen Gegebenheiten, nach den jeweiligen Fähigkeiten erfolgen. Das beinhaltet die Forderung, dass die reichen Industriestaaten die armen Entwicklungsländer, die besonders unter den Auswirkungen des Klimawandels leiden, finanziell und mit der Weitergabe von helfenden Technologien unterstützen. Neben der Hervorhebung der Verpflichtung für die Schaffung humaner Lebensbedingungen wird der Schutz der biologischen Vielfalt und die Vorsorge für die Integrität aller Ökosysteme verlangt, unter anderem wegen deren Bedeutung als natürliche Speicher und Senken für Treibhausgase. Bis spätestens Ende dieses Jahrhunderts solle ein Gleichgewicht zwischen den anthropogenen Emissionen von Treibhausgasen und deren, auf technischem oder natürlichem Wege bewerkstelligten Elimination erreicht werden.

In **Artikel 2** des Übereinkommens ist als Ziel formuliert „ … die weltweite Reaktion auf die Bedrohung durch Klimaänderungen im Zusammenhang mit nachhaltiger Entwicklung und den Bemühungen zur Beseitigung von Armut zu verstärken“ [14]. Diese allgemeine Absichtserklärung wird dann durch, die Zielsetzungen zur Mitigation (Abschwächung) und Adaptation (Anpassung) zum Ausdruck bringende Forderungen manifestiert:

- Begrenzung des Anstiegs der durchschnittlichen Erdtemperatur unter 2 °C, eher noch auf 1,5 °C über vorindustriellem Niveau,
- Anpassung an die Auswirkungen der Klimaänderungen und Erhöhung der Widerstandsfähigkeit gegenüber solchen,
- Finanzierung einer hinsichtlich der Treibhausgase emissionsarmen und gegenüber Klimaänderungen widerstandsfähigen Entwicklung, in der Weise, dass die Nahrungsmittelerzeugung nicht bedroht wird.

In den folgenden Artikeln zur Zielerreichung sind Anforderungen an die Vertragsparteien beschrieben, gleichzeitig wird Entwicklungsländern eine besondere Verhaltensweise zugestanden und wiederum Unterstützung durch die, für die Treibhausgasemissionen hauptsächlich verantwortlichen, Industriestaaten zugesagt.

Laut **Artikel 4 und 5** sollen die Vertragsparteien bestrebt sein, das Maximum von Treibhausgasemissionen bald zu erreichen und deren Reduzierung so voranzutreiben, dass in der zweiten Hälfte des Jahrhunderts ein Gleichgewicht zwischen den anthropogenen Emissionen von Treibhausgasen und deren Abbau durch Senken erreicht wird. Dazu sollen, in national festzulegenden Beiträgen (Nationally Determined Contributions – NDCs) ausgewiesene Minderungsmaßnahmen realisiert werden. Den entwickelten Ländern, welche bei der Verpflichtung zu gesamtwirtschaftlichen Emissionsminderungen die Entwicklungsländer unterstützen sollen, wird eine Führungsrolle zugedacht. Es sind Leitlinien für die Übermittlung, den Vergleich und die Anpassung der von einem Land selbst festgelegten Beiträge festgeschrieben, welche die höchstmöglichen Ambitionen eines Staates und seine diesbezüglichen Fähigkeiten hinsichtlich der Reduktionsziele reflektieren sollen. Es wird dafür plädiert, dass sich die Vertragsparteien, trotz aller nationaler Unterschiede, gemeinsam um die Ausarbeitung und Übermittlung langfristiger Strategien für die Reduktion der belastenden Treibhausgasemissionen bemühen. Dazu werden im **Artikel 5** Maßnahmen zur Erhaltung und Verbesserung von Senken und Speichern, zum Beispiel durch eine nachhaltige Waldbewirtschaftung verlangt.

In **Artikel 6** wird die Akzeptanz einer freiwilligen Zusammenarbeit bei der Umsetzung der national festgelegten Beiträge zum Ausdruck gebracht und damit der schon mit dem Kyoto-Protokoll (Artikel 17) ausgerufene Emissionshandel forciert. Wenn international übertragene Minderungsergebnisse zum Erreichen der national festgelegten Beiträge Verwendung finden, bedarf dies der Genehmigung der Vertragsparteien. Durch den in Gang gesetzten Mechanismus soll eine weltweite Minderung der Treibhausgasemissionen, auch mit gegenseitigem Lastenausgleich, gefördert werden. Gleichzeitig wird eine nachhaltige Entwicklung für die Befriedigung der Bedürfnisse der heutigen Generation erwartet, welche die Möglichkeiten künftiger Generationen nicht gefährdet, [16]. Die Vertragsparteien sind aufgefordert, dazu ihre Beiträge auch außerhalb marktbasierender Ansätze zu leisten.

Artikel 7 geht auf die globalen Zielsetzungen ein, u. a. die Anpassungsfähigkeit an die Klimaänderungen zu verbessern, die Widerstandsfähigkeit dagegen zu stärken und die Anfälligkeiten aus Klimwandelfolgen zu mildern. Es wird beschrieben, dass ein erheblicher Anpassungsbedarf besteht und die gesteigerten Bemühungen, diesem Genüge zu tun, höhere Kosten zur Folge haben können. Anpassungsmaßnahmen sollen sozioökonomisch und umweltrelevant sein sowie die Bedürfnisse der Entwicklungsländer, vor allem wenn diese besonders unter den Folgen der Klimaänderungen leiden, bei der internationalen Zusammenarbeit berücksichtigen. Im Einzelnen ist dargelegt, wie die verstärkten Anpassungsbemühungen zu bewerkstelligen sind. Dazu gehört der Austausch einschlägiger Erfahrungen beim Klimaschutz, die Weitergabe klimawissenschaftlicher Erkenntnisse und solcher zur Wirksamkeit von Anpassungsmaßnahmen. Des Weiteren geht es um Prozesse zur Planung und Durchführung von Maßnahmen, Projekten und Bemühungen zur Anpassung sowie deren Überwachung und Bewertung. Betont wird die Stärkung der Widerstandsfähigkeit sozioökonomischer und ökologischer Systeme durch wirtschaftliche Diversifizierung und nachhaltige Nutzung der natürlichen Ressourcen. Die Vertragsparteien sind aufgefordert regelmäßig Anpassungsmitteilungen vorzulegen, welche Aussagen zu ihren Plänen und Maßnahmen, aber auch über einen notwendigen Unterstützungsbedarf enthalten.

Nach **Artikel 8** erkennen die Vertragsparteien die Wichtigkeit an, Schäden und Verluste zu vermeiden, die sich als Folge der Klimaänderungen einstellen oder zumindest zu verringern. Vorgänge und Ereignisse, für die ein kooperatives und vermittelndes Handeln erwartet wird, wie zum Beispiel Vorsorge oder Risikobewertung, sind aufgezählt.

Gemäß **Artikel 9** stellen die entwickelten Länder für die Fortführung ihrer bestehenden Verpflichtungen finanzielle Mittel bereit und unterstützen die Entwicklungsländer in deren Bemühungen um Minderung und Anpassung. Für die Mobilisierung des Geldbedarfs wird auf verschiedene Quellen und die bedeutende Rolle der öffentlichen Finanzen verwiesen. Durch die Bereitstellung zusätzlicher finanzieller Mittel wird ein Gleichgewicht zwischen Aufwendungen für Minderung und solchen für Anpassung angestrebt, unter Berücksichtigung der von den Ländern ausgehenden Strategien sowie den Prioritäten und Bedürfnisse der Länder, welche unter den Auswirkungen der Klimaänderungen besonders leiden. In zweijährigem Turnus sind von den entwickelten Ländern dazu quantitative und qualitative Informationen zu liefern und möglichst Aussagen zur Höhe der Finanzmittel, mit denen die Entwicklungsländer unterstützt wurden und zukünftig werden können.

Artikel 10 schreibt den Vertragsparteien eine gemeinsame langfristige Vision von der Bedeutung einer uneingeschränkten Verwirklichung der Entwicklung und Weitergabe von Technologie für die Verbesserung der Widerstandsfähigkeit gegenüber Klimaänderungen und die Verringerung der Emissionen von Treibhausgasen zu. Um die daraus resultierenden Bemühungen zu erleichtern und zu fördern, werden Leitlinien für einen Technologiemechanismus geschaffen und finanzielle Unterstützung aus dem Finanzierungsmechanismus der Klimarahmenkonvention (UNFCCC) ins Spiel gebracht. In den Hilfen für Entwicklungsländer soll auf ein Gleichgewicht zwischen Unterstützung zur Minderung und einer solchen zur Anpassung geachtet werden.

In **Artikel 11** wird besonders den weniger entwickelten Ländern, vor allem solchen die für nachteilige Auswirkungen des Klimawandels besonders anfällig sind, ein Kapazitätsaufbau zur Durchführung von Minderungs- und Anpassungsmaßnahmen in Aussicht gestellt. Der Zugang zur Klimafinanzierung soll die Entwicklung, Verbreitung und Anwendung von Technologie erleichtern. Bei der Zusammenarbeit der Vertragsparteien wird von den entwickelten Ländern eine Unterstützung der Entwicklungsländer für deren, auf den jeweiligen nationalen Bedürfnissen beruhenden, Kapazitätsaufbau erwartet.

Artikel 13 schafft, zur Stärkung des gegenseitigen Vertrauens bei der Umsetzung der vorgegebenen Maßnahmen und gewährten Unterstützungen, einen Transparenzrahmen. Er hält Modalitäten fest, durch die eine inhärente Flexibilität der unterschiedlichen Kapazitäten der Vertragsparteien, auf gemeinsamen Erfahrungen aufbauend, berücksichtigt werden. In der Handhabung werden besondere Gegebenheiten der am wenigsten entwickelten Ländern mit beachtet. Um eine weltweite Bestandsaufnahme über die Maßnahmen zur Bewältigung des Klimawandels zu erhalten, die Fortschritte beim Erreichen der jeweiligen national festgelegten Beiträge verfolgen zu können und einen Überblick über die finanzielle Unterstützung zu haben, sollen die Vertragsparteien regelmäßig Berichte vorlegen. Diese sollen über die anthropogenen Emissionen von Treibhausgasen und deren Abbau durch Senken informieren, ebenso über die Auswirkung von Klimaänderungen und die Anpassung daran. Von Entwicklungsländern sind Auskünfte über erhaltene finanzielle Unterstützung sowie Hilfe beim Technologietransfer und Kapazitätsaufbau verlangt. Entwickelte Länder müssen ihrerseits über finanzielle und technische Hilfeleistungen informieren. Es wird erklärt, in welcher Art und Weise die Überprüfung der übermittelten Informationen zu erfolgen hat.

Nach **Artikel 14** ist eine weltweite Bestandsaufnahme über die Fortschritte der Verwirklichung des Zwecks dieses Übereinkommens und seiner Ziele regelmäßig in die Tagesordnung der Konferenz zur Klimarahmenkonvention (COP) aufzunehmen. Erstmals geschah dies 2023, danach soll im Turnus von fünf Jahren berichtet werden. Das Ergebnis dient zur Unterrichtung der Vertragsparteien für Entscheidungen, die ihre nationalen Klimaschutzmaßnahmen betreffen und zur Stärkung der diesbezüglichen internationalen Zusammenarbeit.

In folgenden Artikeln werden die geltenden Regularien für das Übereinkommen behandelt. Dabei geht es zum Beispiel um die Organisation und den Ablauf der Konferenzen (Conference of the Parties serving as the meeting on Paris Agreement – CMA), die Teilnahme von Nichtvertragsparteien und Organisationen. Ferner wird die Einordnung von wissenschaftlicher und technischer Beratung geregelt.

In **Artikel 20** wird festgelegt, dass das Übereinkommen der Ratifizierung, der Annahme oder der Genehmigung durch die Staaten und Organisationen der regionalen Wirtschaftsintegration, die Vertragsparteien sind, bedarf.

Entsprechend **Artikel 21** konnte das Übereinkommen in Kraft treten, nachdem mindestens 55 Vertragsparteien, auf die insgesamt ein geschätzter Anteil von 55 % des aktuellen globalen Gesamtausstoßes von Treibhausgasen entfielen, das Ratifizierungsverfahren abgeschlossen hatten.

In **Artikel 28** ist der mögliche Austritt einer Vertragspartei geregelt.

Anzumerken ist, dass bei der in **Artikel 29** enthaltenen Aufzählung der Sprachen, in welchen die Urschrift des Übereinkommens gleichermaßen verbindlich ist, eine Ausfertigung in deutscher Sprache fehlt.

3.2.3 Nationale Beiträge (NDCs)

Im Pariser Übereinkommen erhält die, für alle Staaten geltende Verpflichtung zur Vorlage nationaler Beiträge (Nationally Determined Contributions-NDCs) über innerstaatliche Minderungsmaßnahmen zum Klimaschutz eine besondere Bedeutung (Artikel 4). Denn damit findet ein Paradigmenwechsel in der internationalen Klimapolitik statt, weil, an Stelle verpflichtender Vorgaben, die verbindlichen Zusagen von Klimaschutzmaßnahmen den einzelnen Staaten überlassen werden. Letztere können dadurch ihre Beiträge nach der nationalen Leistungsfähigkeit ausrichten, was besonders Entwicklungsländern zugutekommt. Mit der Textpassage „gemeinsamen, aber unterschiedlichen Verantwortlichkeiten und ihrer jeweiligen Fähigkeiten angesichts der unterschiedlichen nationalen Gegebenheiten" wird dies in Artikel 4 ausdrücklich hervorgehoben.

Mit dem eigenen Beitrag soll jede Nation die Bemühungen zur Minderung der Treibhausgasemissionen, die sonstigen Anstrengungen zum Klimaschutz und die Maßnahmen zur Anpassung an den Klimawandel festlegen, wobei dazu eine ambitionierte Einstellung erwartet wird. Die so fixierten nationalen Klimaschutzziele sollen international kommuniziert und regelmäßig aktualisiert werden. Eine besondere Verantwortung wird den entwickelten Ländern auferlegt, die „sich zu absoluten gesamtwirtschaftlichen Emissionsreduktionszielen verpflichten" sollen, [14]. Von den Entwicklungsländern werden nur verstärkte Minderungsanstrengungen verlangt und zudem Unterstützung zugesagt.

Von den Vertragsparteien vorgelegte nationale Beiträge werden vom UN-Klimasekretariat in einem Register festgehalten (Nationally Determined Contributions Registry). Aktuell enthält das Register 195 Beiträge. Das Sekretariat ist auch für die Überwachung der Einhaltung dieser Berichtsverpflichtung zuständig. Nach der getroffenen Vereinbarung sind alle fünf Jahre NDCs einzureichen, die eine Weiterentwicklung der gesetzten Klimaziele und der dazu unternommenen Anstrengungen widerspiegeln. Die erste Frist dafür war das Jahr 2020, als nächste steht 2025, dann 2030 an. Unabhängig von diesen Terminen können vorgelegte nationale Beiträge jederzeit angepasst werden. Die 2023 erstmals abgeschlossene globale Bestandsaufnahme zeigte die Dringlichkeit für einen verstärkten Klimaschutz. Erreichte Fortschritte sollen in die nationalen Beiträge bis 2025 einfließen. Eine zweite globale Bestandsaufnahme ist bis 2028 vorgesehen, [17]. Die Bundesrepublik Deutschland hat zusammen mit der Europäische Union ihren Beitrag am 19.10.2023 aktualisiert, [18]. Das Kattowitzer Regelbuch (COP 24) beinhaltet eine Anleitung, welche Informationen die NDCs enthalten sollen. In Deutschland läuft ein Projekt mit dem Ziel, eine Methode zu finden, um nacheinander folgende NDCs, besonders hinsichtlich ihrer Treibhausgasminderungskomponente systematisch miteinander vergleichen zu können, [19].

Im Jahr 2021 wurde ein NDC-Synthesebericht veröffentlicht, insbesondere mit den aktualisierten NDCs. Er bietet einen Überblick, welche Maßnahmen zum Klimaschutz von den einzelnen Staaten realisiert wurden und in Zukunft anstehen, besonders in Hinblick auf die zu erwartenden Auswirkungen auf die Minderung der Treibhausgasemissionen. Darüber hinaus sollen mit den nationalen Beiträgen Aussagen zu Strategien und Maßnahmen zur Anpassung an die Folgen des Klimawandels gemacht werden sowie Informationen über die Bereitstellung und den Bedarf von Finanzmitteln, Technologien und Kapazitäten erfolgen, [20].

Bedeutsam ist, dass mit den NDCs nicht nur Mitigationsstrategien erfasst werden, sondern auch die Anpassungsmaßnahmen und Initiativen zur Erreichung der 17 Ziele (Tab. 3.7), welche in der 2015 von den Vereinten Nationen definierten Agenda 30 enthalten sind (Substainable Development Goals-SDGs). Es geht um die Sicherung einer sozialen, wirtschaftlichen und ökologischen nachhaltigen Entwicklung, mit welcher weltweit ein menschenwürdiges Leben ermöglicht und gleichsam die natürlichen Ressourcen bewahrt werden, [21]. Deutschland bekannte sich mit einer eigenen Nachhaltigkeitsstrategie zur Verantwortung der führenden Industriestaaten für die Erreichung der Nachhaltigkeitsziele [22].

Für die nationalen Beiträge, die im Fünfjahresturnus zu aktualisieren sind, soll das Progressionsprinzip gelten und es soll die Ambition erkennbar sein, inwieweit die Klimaziele durch Maßnahmen im eigenen Land realisiert werden und in welchem Umfang dies

Tab. 3.7 Ziele für nachhaltige Entwicklung. (Daten: Bundesregierung [22])

1	Keine Armut
2	Kein Hunger
3	Gesundheit und Wohlergehen
4	Hochwertige Bildung
5	Geschlechtergleichheit
6	Sauberes Wasser und Sanitär-Einrichtungen
7	Bezahlbare und saubere Energie
8	Menschenwürdige Arbeit und Wirtschaftswachstum
9	Industrie, Innovation und Infrastruktur
10	Weniger Ungleichheit
11	Nachhaltige Städte und Gemeinden
12	Verantwortung bei Konsum und Produktion
13	Maßnahmen zum Klimaschutz
14	Leben unter Wasser
15	Leben an Land
16	Frieden, Gerechtigkeit und starke Institutionen
17	Partnerschaften, zur Erreichung der Ziele

durch Kooperation mit anderen Staaten gelingen soll. Deutschland ist an die Vorgabe der Europäischen Union gebunden, welche keine Anrechnung von Minderungsergebnissen vorsieht, wenn diese außerhalb der EU erreicht wurden, [23]. Die beim Klimasekretariat eingegangenen NDCs werden hinsichtlich der Fortschritte in der Erreichung der im Übereinkommen von Paris gesetzten Klimaschutzziele mit einer globalen Bestandsaufnahme (Global Stocktake – GST) kollektiv ausgewertet. Bereits die erst Analyse, deren Ergebnisse 2023 auf der COP 28 diskutiert wurden, zeigte signifikante Lücken (Target Gap) im Klimaschutz auf. Die ausgewiesen Minderungsmaßnahmen in den vorgelegten nationalen Beiträgen ließen nicht erwarten, dass das Ziel, die Erderwärmung auf 1,5 °C zu begrenzen, erreicht würde. Um Abhilfe zu schaffen, sollten ambitionierte Anstrengungen unternommen werden. Dazu gehören eine Verdreifachung der Kapazität an erneuerbaren Energien, die Verdopplung der Energieeffizienz bis 2030 und der Ausstieg aus den fossilen Brennstoffen bis 2050, nebst besserer Nutzung der zur Verringerung der Treibhausgasemissionen zur Verfügung stehenden Technologien, [24]. Trotz aller Absichtserklärungen lässt sich aber nicht ausschließen, dass die in NDCs genannten Klimaschutzmaßnahmen nur unzureichend eingehalten werden, weil sie mit anderen Entwicklungszielen eines Landes nicht korrespondieren oder dieses nicht über die dazu erforderlichen Kapazitäten verfügt.

Darüber hinaus können die Vertragsparteien eine langfristige Strategie für eine emissionsarme Entwicklung (Long-term low-emission development strategy – LT-LEDS) vorlegen. Im Gegensatz zu den NDCs sind diese nicht verbindlich, aber sie stellen Letztere in Kontext mit den langfristigen Planungs- und Entwicklungsprioritäten der Länder und indizieren zukünftige Fortschritte, [14]. Sie helfen auch, die nationalen Maßnahmenkataloge frühzeitig miteinander abzustimmen.

Nach einem LT-LEDS-Synthesebericht repräsentierten die Vertragsparteien, welche bis 2023 LT-LEDS übermittelten, im Jahr 2019 einen Anteil an der Weltbevölkerung von etwa 77 % und waren zusammen für 78 % der gesamten globalen Emissionen verantwortlich. Ihr anteiliger Energiebedarf betrug rund 91 %, gedeckt durch 77 % des Kohle-, 77 % des Erdgas- und 71 % des Ölverbrauchs. Neben dem Aufzeigen langfristiger Entwicklungspfade und Entwicklungsprioritäten liefern LT-LEDS auch Aussagen zu Klimaresilienz und Katastrophenvorsorge, ebenso zu wirtschaftlichem Wachstum und den finanziellen Herausforderungen, [25].

3.2.4 Einschätzung

Das Übereinkommen von Paris – oft auch als Pariser Abkommen bezeichnet – ist ein Meilenstein im multilateralen Klimaschutz, da damit zum ersten Mal eine verbindliche Abmachung zu Stande kam, mit der alle beteiligten Nationen ihre Bereitschaft versicherten, über die Landesgrenzen hinweg, gemeinsam den Klimawandel und dessen Auswirkungen zu bekämpfen sowie Anpassungsmaßnahmen einzuleiten. Dem Text des Übereinkommens ist anzumerken, dass dieser nach vielen Disputen und unter Inkaufnahme von diplomatischen Kompromissen verfasst wurde. Die in 28 Artikeln enthaltenen Festlegungen im Hinblick auf den Klimawandel, zu Mitigation und Adaption wirken, auch unter dem Gesichtspunkt, dass dabei unterschiedliche nationale Interessen berücksichtigt werden mussten, eher allgemein formuliert als verbindlich. Deshalb sind viele an die Vertragsparteien gestellten Anforderungen und Verpflichtungen vielseitig auslegbar. Auf den Vertragskonferenzen (COP) und in politischen Statements wird beharrlich darüber debattiert, ob und wie die gesetzten Klimaschutzziele zu erreichen sind. Erkenntnisse zur Nichterreichung der Ziele werden ignoriert oder führen zur Verschärfung von Klimaschutzmaßnahmen, selbst wenn man weiß, dass auch diese nicht zu realisieren sind. Nach einer Analyse im Rahmen des Umweltprogramms der Vereinten Nationen (UNEP) 2022 lagen die realisierten Emissionsminderungen der Vertragsparteien so weit unter den geplanten, dass sich, selbst bei vollständiger Umsetzung aller angekündigten Beiträge in Zukunft, die Erde um etwa 2,7 °C erwärmen würde, [26]. Trotzdem bleibt das politische Handeln unverrückbar auf die 1,5-Grad-Grenze fixiert. Spitz formuliert könnte man sagen, aus der Zielsetzung des Pariser Abkommens wurde ein Wunschdenken in der Klimapolitik.

Wenn jedoch absehbar ist, dass die weltweit real zu erreichende Minderung der Treibhausgasemissionen zu gering ist, um den Anstieg der globalen Erdtemperatur wie erwartet zu begrenzen, wäre es doch hilfreicher, die gemeinsamen internationalen Anstrengungen vorrangig darauf auszurichten, die durch den Klimawandel entstehenden Schäden möglichst gering zu halten und Vorkehrungen zur Anpassung an diesen zu treffen. Was bisher zudem in die Klimaschutzvereinbarung nicht einfließt, ist die Umweltbelastung durch eine ständig wachsende Weltbevölkerung. Das gilt auch für die Dynamik des globalen Wirtschaftsgefüges und der Weltpolitik. Aus nachvollziehbaren Gründen wird in einer multinationalen Übereinkunft von einer friedlichen Welt ausgegangen. Die Auswirkungen der tatsächlich herrschenden, sogar zu kriegerischen Auseinandersetzungen führenden, internationalen Zerwürfnisse auf die Umwelt werden ausgeblendet.

An dieser Stelle soll noch eine weitere These formuliert werden: Die Ernsthaftigkeit der praktizierten Klimapolitik leidet auch darunter, dass die entscheidenden Prognosen zum Klima in der Regel auf einen Zeitpunkt ausgerichtet sind, den die dafür Verantwortlichen normalerweise nicht mehr erleben werden und damit die Konsequenzen ihrer Handlungsweisen folgende Generationen zu tragen haben.

Die scheinbare Stärke des Pariser Abkommens, die jeweiligen nationalen Fähigkeiten und die speziellen Bedürfnisse sowie besondere Umstände der Vertragsparteien zu berücksichtigen, erweist sich dann als Schwäche, wenn die zugestandene Souveränität, von Ländern ausgenutzt wird, um Interna zum eigenen Vorteil zu kaschieren. Zwischen den Vertragsparteien bestehen zudem unterschiedliche Vorstellungen über den Weg, die gesetzten Klimaschutzziele zu erreichen. Ein Beispiel hierfür ist die Energiewirtschaft. Nachdem die BRD die Kernkraftwerke abgeschaltet hat, setzt sie, mit der Brückenenergie Gas, uneingeschränkt auf die erneuerbaren Energien und indirekt auf Wasserstoff, der fossiles Gas ersetzen soll. In Frankreich hingegen bleiben die Kernkraftwerke für die Stromerzeugung zur Deckung der Grundlast in Betrieb, leistungsangepasst an die sukzessiv auszubauenden erneuerbaren Energien. Ähnlich unterschiedlich verhält es sich international gesehen mit der Bereitschaft, fossile Energieträger zu eliminieren. Trotz der gesetzten Regeln und der verlangten Transparenz erscheint es unmöglich, anhand der eingehenden nationalen Beiträge (NDCs) objektiv zu prüfen, inwieweit die darin als durchgeführt und geplant gemeldeten Klimaschutzmaßnahmen und -strategien tatsächlich umgesetzt wurden und zukünftig werden. Deshalb ist es nur eingeschränkt möglich, aus der Summe der national angegebenen Minderungen der Treibhausgase deren globale Menge zu ermitteln, um daraus mit Hilfe von Modellrechnungen zu prognostizieren, inwieweit das gesetzte 1,5-Grad-Ziel erreicht werden kann. Das Übereinkommen enthält zwar verpflichtende Vorgaben zur Finanzierung der zum Stopp der Erderwärmung und der Anpassung an den Klimawandel notwendigen Transformationen; der Mittelfluss entspricht aber nicht immer den mit vermeintlichen Zusagen gehegten Erwartungen und eine Möglichkeit zur Zwangseintreibung ausgebliebener Zahlungen existiert nicht.

Zur Umsetzung der festgeschriebenen Maßnahmen- und des Verfahrenskatalogs müssen von den Vertragsparteien zahlreiche Regularien eingehalten werden. Solche Vorschriften tragen i. d. R. nicht dazu bei, die Ambitionen nationaler Klimaschutzaktivitäten zu stärken und verleiten dazu, Aktivitäten eher als Erfolg auszugeben, anstatt mit Transparenz zu brillieren. Die Aufwendigkeit der Bürokratie, zeigt sich zum Beispiel, wenn zwei Vertragsstaaten direkt miteinander kooperieren, um ein erreichtes Treibhausgasdefizit in das andere Land zu transferieren, damit es dort als Minderungsleistung angerechnet wird. Für diesen Fall gelten umfassende Berichts- und Bilanzierungsvorschriften. Es wird unterschieden zwischen einer, nach gemeinsamen Leitlinien ablaufenden direkten zwischenstaatlichen Kooperation und einem, von einem dafür berufenen Gremium (CMA) beaufsichtigten Nachhaltigkeitsmechanismus, wofür wieder andere Regeln und Verfahrensvorschriften gelten. Darüber hinaus wurde es als notwendig erachtet, einen unabhängigen Beschwerdemechanismus zu beschließen (COP 26), um zu überwachen, dass die mit den Kooperationsmechanismen erreichte Vermeidung von Treibhausgasemissionen nicht anderen Nachhaltigkeitsansprüchen zuwiderlaufen, [27].

Im Übereinkommen von Paris spielt zwar die individuelle Fähigkeit eines Staates eine Rolle, im Wesentlichen geht es aber um das kollektive Handeln einer multilateralen Staatengemeinschaft, die ein völkerrechtsverbindliches Strategiepapier zum Klimaschutz beschlossen hat. Dazu wurde – und wird – in vielen Treffen, vorweg in den mit tausenden Teilnehmern jährlich stattfindenden Konferenzen (COP) diskutiert und Beschlüsse gefasst. Wenn sich die realen Treibhausgasemissionen konträr zu den erwarteten Reduzierungen entwickeln und damit gesetzte Klimaschutzziele gefährden, werden die Forderungen zur Minderung der Treibhausgase verschärft. Es wird nicht beachtet, wie erheblich sich das Verhalten der, als sogenannte BRICS-Staaten, gemeinsam agierenden Länder Brasilien, Russland, Indien, China und Südafrika auf den Klimaschutz auswirkt – zumal sich immer noch weitere Länder in diese Staatengemeinschaft einbringen. Ein Beispiel dafür, dass durch differierende ökonomische Interessen die Ansprüche des Abkommens ignoriert werden. Mit China, das für ein Drittel der globalen Treibhausgasemissionen verantwortlich ist, und Indien gehören die beiden bevölkerungsreichsten Länder zu dieser Staatengemeinschaft. In den Vereinbarungen zum Klimaschutz findet die Tatsache, dass mit dem unaufhaltsamen Anstieg der Weltbevölkerung der Energiebedarf zunimmt und trotz des Ausbaus der erneuerbaren Energien zu dessen Deckung, außer der Kernkraft, fossile Brennstoffe genutzt werden müssen, keine nachhaltige Berücksichtigung.

Blickwinkel

Mit dem Übereinkommen von Paris werden hohe Ziele gesetzt, die Realität bleibt aber hinter den Erwartungen zurück. Auf den Klimakonferenzen werden zum Klimaschutz lediglich Kompromisse beschlossen, weil nationale Interessen nicht zu überwinden sind. Entwicklungsländern wird die Notwendigkeit bestätigt, dass die durch den Klimawandel verursachten Verluste und Schäden abgewendet werden müssen und Maßnahmen zur Anpassung an den Klimawandel erforderlich sind. Auf der anderen Seite setzen die verantwortlichen Industrieländer ihrerseits durch, dass gegen sie keine Haftung oder Ansprüche auf Kompensationszahlungen abzuleiten sind, [15]. Gerade die Finanzierung des Klimaschutzes bleibt, trotz aller gemachten Zusagen, ein Grundkonflikt zwischen den, Dank ihrer Wirtschaftskraft starken Staaten und den, hierbei auf Hilfe angewiesenen Entwicklungsländern. Wie fragil die mit dem Pariser Abkommen festgeschriebene Verpflichtung von den einzelnen Vertragspartnern wahrgenommen wird, zeigt sich zum Beispiel an der zuletzt wechselnden Mitgliedschaft der USA, die vom jeweils gewählten Präsidenten abhängt. So könnten sich die USA auch noch aus dem Weltklimarat (IPCC) und der Klimarahmenkonvention (UNFCCC) zurückziehen.

Neben den Vereinbarungen, welche der Zustimmung aller Vertragsparteien bedürfen, gibt es Absichtserklärungen und Selbstverpflichtungen einzelner Staaten und Staatengemeinschaften zur Erreichung einer Klimaneutralität. Einzelinitiativen bergen die Gefahr, dass sie das übergeordnete Ziel eines gemeinsamen globalen Handelns aller Staaten untergraben und damit Klimapolitik immer unübersichtlicher wird, [15]. Ein Übereinkommen, wie das von Paris, bleibt dann als Fragment übrig.

Literatur

1. W. Behringer: Kulturgeschichte des Klimas, Verlag C.H. Beck, München
2. Das Protokoll von Kyoto (KP), herausgegeben vom Sekretariat der Klimarahmenkonvention
3. S. Oberthür et al.: Das Kyoto-Protokoll, Leske + Budrich (Springer VS)
4. UBA – Umweltbundesamt: Kyoto-Protokoll tritt in Kraft
5. WDDB – Wissenschaftliche Dienste des Deutschen Bundestages: Das Kyoto-Protokoll Verhandlungen und Verpflichtungen
6. bpb – Bundeszentrale für politische Bildung: COP 26: UN-Klimakonferenz in Glasgow
7. UBA – Umweltbundesamt: Kyoto-Protokoll
8. UBA – Umweltbundesamt: Internationale Marktmechanismen im Klimaschutz

9. Die Bundesregierung: Weltklimakonferenzen – ein Rückblick
10. European Commission: The Emissions Database for Global Atmospheric Research (EDGAR), GHG Emissions of all World Countries
11. Europäische Union: Senkung der Treibhausgasemissionen in der EU: Nationale Ziele bis 2030
12. Green Climate Fund: Debt for climate swaps: exploring and opportunities
13. BMUV – Bundesministerium für Umwelt, Naturschutz, Bau und Reaktorsicherheit: Die Klimakonferenz in Paris
14. Übereinkommen von Paris (ÜvP), Amtsblatt der Europäischen Union vom 19.10.2016, L 282/4 – L 282/17
15. DGVN – Deutsche Gesellschaft für die Vereinten Nationen: Die Vereinten Nationen und der Klimawandel
16. BMUV – Bundesministerium für Umwelt, Naturschutz, nukleare Sicherheit und Verbraucherschutz: Nachhaltige Entwicklung als Handlungsauftrag
17. UBA – Umweltbundesamt: Klimarahmenkonvention und das Übereinkommen von Paris
18. United Nations Climate Change: National festgelegte Beiträge (NDCs)
19. UBA – Umweltbundesamt: Ausgestaltung nationaler Klimaschutzbeiträge (NDC)
20. UNFCCC: NDC-Synthesebericht (NDC Synthesis Report)
21. Climate Partner: Pariser Abkommen
22. Die Bundesregierung: Die 17 globalen Nachhaltigkeitsziele verständlich erklärt
23. BMWK – Bundesministerium für Wirtschaft und Klimaschutz: Internationale Marktansätze zur Ambitionssteigerung
24. UBA – Umweltbundesamt: Globale Bestandsaufnahme zeigt Klimaschutzlücken und -lösungen
25. UN Climate Change: LT-LEDS Synthesebericht
26. Wikipedia: Übereinkommen von Paris
27. BMWK – Bundesministerium für Wirtschaft und Klimaschutz: Internationale Kooperation unter Artikel 6

4 Zwei-Grad-Ziel

Über allen Anstrengungen zum Stopp der Erderwärmung schwebt die Kernaussage des Übereinkommens von Paris, den Anstieg der globalen Durchschnittstemperatur unter 2 °C gegenüber dem vorindustriellen Niveau zu halten, möglichst sogar auf 1,5 °C zu begrenzen. Wie sind diese bedeutungsvollen Zielwerte zu begründen? Dazu ist auf den Ökonomen William D. Nordhaus zu verweisen, der sich 1975 und 1977 mit der Wechselwirkung zwischen wirtschaftlichem Handeln und dem Klimawandel auseinandersetzte, [1] und dazu schrieb: „Als erste Annäherung erscheint es vernünftig, zu verlangen, dass die Klimawirkung von Kohlendioxid innerhalb des normalen Bereichs langfristiger Klimaveränderungen bleiben sollte. Gemäß den meisten Quellen liegt der Variationsbereich zwischen verschiedenen Klimaregimes in der Größenordnung von ± 5 °C und gegenwärtig befindet sich das globale Klima am oberen Ende dieses Bereichs. Würden die globalen Temperaturen um mehr als 2 oder 3 °C über die heutige Mitteltemperatur steigen, so würde dies das Klima außerhalb der Beobachtungen, die für die letzten mehreren hunderttausend Jahre gemacht wurden, führen“, [2]. Nordhaus, der für seine Forschung 2018 den Nobelpreis der Wirtschaftswissenschaften erhielt, argumentierte, dass ein Anstieg der Erdtemperatur um 2 °C etwa mit der Verdopplung der vorindustriellen CO_2-Konzentration in der Atmosphäre gleichzusetzen wäre. Svante August Arrhenius, der 1903 den Nobelpreis für Chemie erhielt, berechnete, dass eine Verdoppelung des CO_2-Gehalts sogar zu einem Anstieg der Erdtemperatur um 5–6 °C führen müsste, [3]. Nordhaus hat im Rahmen seiner Ökonomie des Klimaschutzes Berechnungen für eine Kosten-Nutzenanalyse angestellt und erkannte, dass ohne die Begrenzung des Temperaturanstiegs ein ökonomisches Gleichgewicht nicht einzuhalten wäre, es sei denn, man richte die Klimapolitik nach dem Klimawandel aus, sodass eine Erwärmung bis 2.100 um 3,5 °C das wirtschaftliche Optimum sein könnte. Dem wurde später mit der Feststellung widersprochen, dass eine optimale wirtschaftliche Ausgewogenheit zwischen künftigen Klimaschäden und den Kosten

K. H. Lillich, *Internationale Klimarahmenkonventionen und nationale Klimaschutzprogramme*, https://doi.org/10.1007/978-3-658-50029-0_4

für den Klimaschutz nur zu erreichen wäre, wenn der Anstieg der Erdtemperatur unter 2 °C bliebe, [4].

Im Jahr 1990 wurde von einer 1986 ins Leben gerufenen Beratergruppe für Treibhausgase (Advisory Group on Greenhouse Gases – AGGG) ein Bericht veröffentlicht, in dem die Autoren für eine Begrenzung des Erdtemperaturanstiegs auf 2 °C plädieren. Auf der ersten Klimarahmenkonferenz 1995 in Berlin, wurde das Zwei-Grad-Ziel ins Gespräch gebracht und von der EU bereits 1996 als solches sanktioniert, [5]. Im Kontext mit dem Klimawandel bekannten sich die Vertragsparteien auf der COP 15 (2009) in der Kopenhagener Vereinbarung erstmalig zu dem Ziel, die Erderwärmung auf unter 2 °C zu begrenzen, [6]. Obwohl über Jahrzehnte hinweg von Experten simuliert, berechnet und debattiert wurde, war der zahlenmäßige Ansatz des Ziels für einen Anstieg der Erdtemperatur im Artikel 2 des Übereinkommens von 2015 nicht streng wissenschaftlich belegt, sondern erfolgte letztlich auf der Grundlage empirischer Erkenntnisse, die durch neuere Ergebnisse der klimaökonomischen Forschung bestätigt wurden, [4]. Das erste Dokument der UN-Klimakonvention in dem eine Begrenzung der globalen Erderwärmung auf 1,5 °C erwähnt wird, wurde 2010, mit dem Wortlaut „den Anstieg der globalen Durchschnittstemperatur auf unter 2 °C über vorindustriellem Niveau zu begrenzen" und „das langfristige Ziel (…) auf einen Anstieg der globalen Durchschnittstemperatur um 1,5 °C zu verschärfen", auf dem Klimatreffen (COP 16) in Cancún verabschiedet. In Vorbereitung des Übereinkommens gab es Abstimmungsgespräche (Structured Expert Dialogue – SED) und einen darauf beruhenden Bericht, nach dem eine Verschärfung der Temperaturbegrenzung unter 2 °C angestrebt werden soll, [7].

Um die mit dem Übereinkommen von Paris für den Anstieg der Erdtemperatur festgeschriebenen Grenzwerte weiter zu belegen, beauftragte der Weltklimarat (IPCC) 2016 ein Team, dem Experten aus 39 Ländern angehörten. Sie sollten einen Bericht zu den Folgen einer globalen Erderwärmung von 1,5 °C über vorindustriellem Niveau und den damit verbundenen globalen Treibhausgasemissionspfaden erstellen. Dies im Zusammenhang mit einer Stärkung der weltweiten Reaktion auf die Bedrohung durch den Klimawandel, einer nachhaltigen Entwicklung und den Anstrengungen zur Beseitigung von Armut. Es bestand Informationsbedarf an einem wissenschaftlichen Beleg des 1,5-Grad-Ziels. Der so entstandene Sonderbericht SR1.5, [8] wurde, unmittelbar vor dem 2018 in Kattowitz abgehaltenen Klimagipfel (COP 24) veröffentlicht. In diesem wird der enge Zusammenhang zwischen der Begrenzung des Klimawandels und dem Erreichen der Nachhaltigkeitsziele (Substainable Development Goals – SDGs) hervorgehoben und dargelegt, dass dabei eine ambitionierte Minderung der Treibhausgasemissionen eine wichtige Rolle spielt. Die im Bericht enthaltene Feststellung, dass zur Bewerkstelligung der angepeilten Temperaturbegrenzung, eine mit den bisherigen national festgelegten Minderungsmaßnahmen (NDCs) nicht zu erreichende, radikale Reduktion der Treibhausgasemissionen notwendig sei, fand große Beachtung. Im Jahr 2018 wurde daraufhin ein Dialogverfahren (Talanoa-Dialog) angesetzt, um eine Bilanz zum globalen Klimaschutz zu ziehen und um eine Grundlage für die Vorlage aktualisierter oder neuer nationale Beiträge (NDCs) bis 2020 zur Verfügung zu haben, [9]. Die Reaktion der Vertragsparteien fiel, zum Beispiel wegen der Finanzierung der geforderten Klimaschutzmaßnahmen, unterschiedlich aus. Erreicht wurde, dass viele Länder ihre nationalen Klimastrategien revidierten, [10, 11].

Das 2-Grad-Limit wurde als die, durch wissenschaftliche Analysen, anhand von Klimamodellen und Risikoabschätzungen belegte Temperaturerhöhung erkannt, bei deren Einhaltung die Auswirkungen der anthropogenen Umweltstörungen auf das Klima noch auszugleichen wären. Gemäß Artikel 2 der Klimarahmenkonvention (UNFCCC) geht es darum, Schäden für Ökosysteme und die wirtschaftliche Entwicklung zu verhindern. Jenseits dieses Grenzwertes wird eine hohe Gefahr für ein irreversibles Kippen weiter Teile des Klimasystems vorausgesagt, [12, 13]. Obwohl das Zwei-Grad-Ziel in der internationalen Energiepolitik Konsens ist, gibt es Befürchtungen, dass der damit kompatible Emissionspeak bereits in den nächsten Jahren in Sichtweite geraten wird und die Realisierbarkeit dieses angestrebten Grenzwerts ausgeschlossen werden muss. Als maßgebend wird die zukünftige Entwicklung der anthropogenen Treibhausgasemissionen angesehen, [14]. Nach dem letzten Bericht des Weltklimarates (IPCC) müssten diese, gegenüber dem Stand von 2023, bis zum Jahr 2030 mindestens halbiert werden, um die Erderwärmung auf 1,5 °C oder höchstens 2 °C zu begrenzen, [15].

In der internationalen Klimapolitik wird das Erreichen des 1,5-Grad-Ziels, mindestens aber ein solches von 2 °C, als Ultima Ratio kommuniziert, um eine Destabilisierung des Klimawandels zu erreichen und irreversible Schäden der Ökosysteme zu vermeiden. Die Wissenschaft hat diese empirischen Temperaturwerte als kritische Schwelle für die Begrenzung der Erderwärmung weitgehend bestätigt. Dazu wird allerdings die Einhaltung bestimmter Kriterien vorausgesetzt, besonders eine enorme, in der Praxis bisher nicht erreichte Reduzierung der anthropogenenTreibhausgasemissionen verlangt.

Literatur

1. M. Groth: Integration des Klimawandels in langfristige makroökonomische Analysen, Wirtschaftsdienst 2018/12, S. 885–889
2. W. D. Nordhaus: Can we control carbon dioxide? IIASA Working Paper 75–63, Laxemburg 1975, S. 22f.
3. W. Behringer: Kulturgerschichte des Klimas, Verlag C. H. Beck
4. PIK – Potsdam-Institut für Klimaforschung: UN-Klimaziele sind ökonomisch sinnvoll: Ambitionierter Klimaschutz zahlt sich aus
5. C. C. Jaeger et al. Warum zwei Grad?, APuZ 32-33/2010
6. UBA – Umweltbundesamt: Fünfzehnte UN-Klimakonferenz in Kopenhagen (COP 15/CMP 5)
7. IPCC: 1,5 °C globale Erwärmung: Häufig gestellte Fragen und Antworten
8. IPCC: Sonderbericht über 1,5 °C globale Erderwärmung (Global Warming 1,5 °C – SR1.5)
9. BMUV – Bundesministerium für Umwelt, Naturschutz, nukleare Sicherheit und Verbraucherschutz: COP-Top 2: Der Talanoa-Katalog

10. UBA – Umweltbundesamt: Sonderbericht des Weltklimarates über 1,5 °C globale globale Erwärmung
11. UBA – Umweltbundesamt: Neue Erkenntnisse aus dem Sonderbericht über 1,5 °C globale Erwärmung
12. UBA – Umweltbundesamt: Das 1,5-Grad-Ziel nach dem Übereinkommen von Paris
13. Wissenschaftlicher Dienst des Deutschen Bundestags: Das deutlich unter Zwei-Grad-Ziel
14. O. Geden: Der langsame Abschied vom 2-Grad-Ziel – Ein politisches Symbol steht vor der Ablösung, Energiewirtschaftliche Tagesfragen 2010/8, S. 24–27
15. UBA – Umweltbundesamt: IPCC-Synthesebericht macht Aktionsdruck für 1,5 °C noch deutlicher

Marktmechanismen zur Emissionsbegrenzung

5

5.1 Grundlagen aus den internationalen Übereinkommen

Mit dem Kyoto-Protokoll wurden die Grundlagen geschaffen, die Minderung von Treibhausgasen mit einer gemeinsamen Verantwortung der entwickelten Länder (Annex-I-Länder, verschiedentlich wird nur auf die Annex-B-Länder Bezug genommen, Tab. 3.1) zu bewerkstelligen. Zur Bilanzierung der eingegangenen, zunächst auf das Jahr 2008 ausgerichteten und dann bis 2020 erweiterten, Reduktionsverpflichtungen können drei verschiedene Verfahren angewandt werden (Abb. 5.1), zwei flexible Marktmechanismen oder Emissionshandel. In diesem Kapitel sind die Marktmechanismen besprochen. Hierbei handelt es sich um Emissionsreduktionen, welche durch Klimaschutzprojekte erzielt werden, die zwischen Industrieländern (Annex-I-Länder, Tab. 3.1) oder unter Einbezug von Entwicklungsländern abgewickelt werden. Dies ermöglicht, Maßnahmen für den Klimaschutz über die Landesgrenzen hinaus dort zu platzieren, wo dafür die geringsten Kosten anfallen. Die beabsichtigte Minderung der anthropogenen Treibhausgase gelingt nicht, wenn damit, statt einer zusätzlichen Reduzierung, nur eine Verschiebung innerhalb der Emissionsinventare erfolgt; das heißt, wenn die Umweltbelastung nur von einem Ort an einen anderen verlagert wird. In mehreren Studien werden hinsichtlich der Umweltintegrität solcher Vorgehensweise auch Bedenken geäußert, [1, 2].

Unabhängig davon ermöglichen die drei marktbasierenden Mechanismen den Vertragsparteien ihren Klimaschutzverpflichtungen flexibel so nachzukommen, wie sie es für sich am günstigsten erachten. Die Entstehung und der Umfang eines damit verbundenen subs-

K. H. Lillich, *Internationale Klimarahmenkonventionen und nationale Klimaschutzprogramme*, https://doi.org/10.1007/978-3-658-50029-0_5

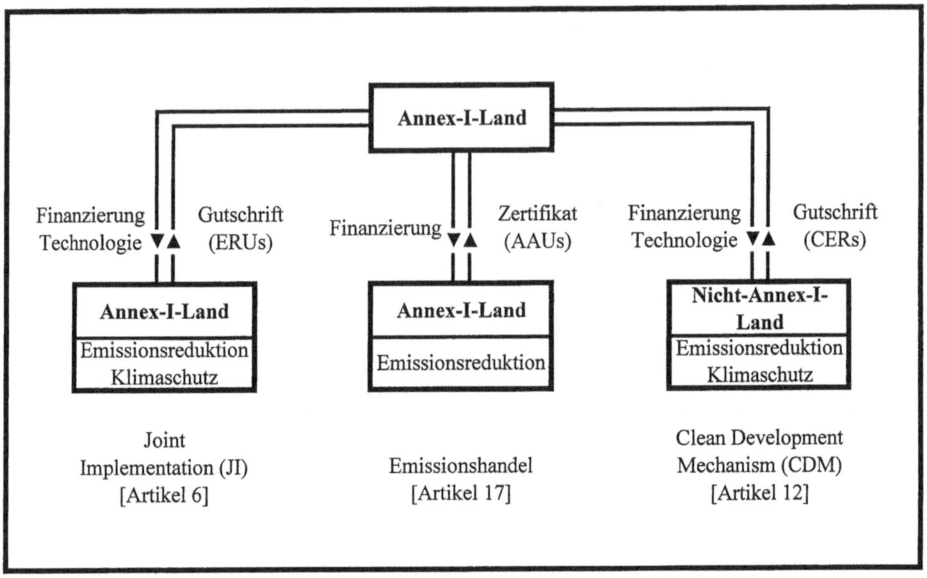

Abb. 5.1 Flexible Mechanismen des Kyoto-Protokolls

tanziellen internationalen Kohlenstoffmarkts hängt von dem nationalen Interesse und der Klimapolitik der einzelnen Vertragsparteien ab.

Zur Überprüfung und Dokumentation der Fortschritte, welche die Industriestaaten in der Realisierung der im Kyoto- Protokoll eingegangenen Verpflichtungen erreichten, müssen nationale Register geführt und jährlich Emissionsinventare vorgelegt werden, [3]. Mit dem Übereinkommen von Paris werden die Grundlagen für die Marktmechanismen zum internationalen Austausch von Emissionslasten und deren Abbau noch erweitert (Artikel 6).

5.2 Joint Implementation (JI)

Zwischen zwei entwickelten Ländern (Annex-I-Länder, Tab. 3.1) besteht, gemäß den in Artikel 6 im Kyoto-Protokoll vorgegebenen Regularien, die Möglichkeit einer gemeinsamen Durchführung von Maßnahmen, um den eingegangenen Minderungsverpflichtungen gerecht zu werden. Dazu kann ein Industriestaat, Projekte in einem anderen, die zur Reduzierung von Treibhausgasemissionen oder auf andere Weise zum Klimaschutz dienen, selbst durchführen oder unterstützen. Dies kann durch finanzielle oder technologische Hilfeleistung geschehen. Für erreichte Emissionsverringerung gibt es eine Minderungsgutschrift (Emission Reduction Units-ERUs), die sich das Geberland auf sein Reduktionsziel, mit einer Tonne CO_2-Äquivalente pro ERU, anrechnen lassen kann, während die gleiche Menge vom nationalen Budget des Empfängerlandes abgezogen wird. Die Gesamtmenge der in diese Transaktionen involvierten Länder zugestandenen Emissionen darf sich dabei nicht erhöhen.

Ein Austausch von ERUs setzt voraus, dass mit der geleisteten Finanzierung oder erbrachten technischen Unterstützung Projekte realisiert wurden, die eine Verbesserung des sonst geleisteten Klimaschutz zur Folge hatten. Erst nach einer Überprüfung der damit erreichten Minderung an Treibhausgasen, kann die Gastgeberpartei die entsprechende Menge an ERUs ausstellen (Track-1-Verfahren). Wenn die Gastpartei (Host-Party) nicht alle Verfahrensvoraussetzungen erfüllt, muss der erreichte Emissionsminderungseffekt durch einen gemeinsamen Ausschuss (Joint Information Systems Committee-JISC) überprüft werden, bevor die Gastgeberpartei EURs verteilen kann (Track-2-Verfahren).

Das gegenseitige Transfergeschäft zwischen zwei Industrieländer ermöglicht eine flexible Handhabung zur Erfüllung der mit dem Kyoto-Protokoll eingegangenen Verpflichtungen. Dabei ist nicht wichtig, wo der Emissionsabbau stattfindet, sondern vielmehr, dass dieser erfolgt. Das Nehmerland kann von ausländischen Investoren und fremdem Technologiestrategien profitieren, für das Geberland kann, zum Beispiel zur Vermeidung von Grenzabgaben, die auswärtige Finanzierung von emissionsmindernden Maßnahmen vorteilhafter sein, als solche im eigenen Land zu tätigen, [4].

5.3 Clean Development Mechanism (CDM)

Mit Artikel 12 des Kyoto-Protokolls wird eine Methode definiert, die es einem Industriestaat (Annex-I-Land, Tab. 3.1) ermöglicht, Projekte zur Reduzierung der Treibhausgasemissionen und zum Klimaschutz in einem Entwicklungsland abzuwickeln. Damit müssen Maßnahmen realisiert werden, die einen, gegenüber dem sonst erreichten, zusätzlichen Minderungseffekt bewirken. Dafür erhält das Geberland zertifizierte Reduktionsgutschriften (Certified Emission Reduction-CERs), die es, jeweils für eine Tonne pro Stück, von seiner eigenen CO_2-Minderungsverpflichtungsmenge abziehen kann.

Dieser Mechanismus bietet Industrieländern die Möglichkeit, Klimaschutz und Entwicklungshilfe miteinander zu verbinden. Von den Vertragsstaaten werden auf internationaler Ebene Projekte abgewickelt, um CDM in diesem Sinne zu nutzen. So sind eine Vielzahl an Klimaschutzaktivitäten mit erheblichem Potenzial, zur Unterstützung von Entwicklungsländern entstanden. Dazu gehört auch das von Deutschland und einigen anderen Staaten praktizierte Angebot, dass ein Vertragspartner Schulden gegen Investitionen in Klimaschutzmaßnahmen verrechnen kann (Debt-for-Climate-Swaps), [5].

Ab dem Jahr 2004 von deutscher Seite realisierte CDM-Projekte sind aus Tab. 5.1 zu entnehmen. Im Vergleich mit 2020 entspricht die davon betroffene CO_2-Menge den inländischen Emissionen von über drei Jahren, bezogen auf die globalen CO_2-Äquivalente des Jahres 2020 handelt es sich um 7 %. Bemerkenswert ist, dass die Hälfte dieser Klimaschutzprojekte China betreffen, also um ein Land, in dem mit Abstand die größte Menge an Treibhausgasen emittiert wird.

Tab. 5.1 Deutsche CDM-Projekte seit 2004. (Daten: UBA [6])

Region	CO_2-Äquivalente [10^6 t]
Afrika	70,3
China	1.169,8
Europa und Zentralasien	22,6
Indien	302,9
Lateinamerika	351,2
Naher und mittlerer Osten	21,4
Sonstige	342,9
Gesamt	2.281,1

Blickwinkel

Ein solcher Transfer wird zur Farce, wenn sich herausstellt, dass sogenannte Upstream-Emissionsminderungs-Projekte (UER) von Unternehmen der Mineralölbranche in China finanziert wurden, die es in der Realität gar nicht gab, [7]. Erstaunlich daran ist, dass die Qualität solcher Klimaschutzmaßnahmen angeblich strenger Kontrollen unterliegt, zum Beispiel durch Prüfunternehmen, denen weltweite Erfahrungen in der Validierung von Klimaschutzmaßnahmen zugeschrieben werden. Ein diesbezügliches Engagement richtig zu bewerten ist sicherlich nicht trivial, wenn sich eine Vielzahl an kommerziellen Beratungsunternehmen und Projektentwicklern darauf spezialisieren, Klimaschutzpotenziale zu identifizieren und Methoden zu entwickeln, um diese zu heben, [8].

Der Auslauf der zweiten Verpflichtungsperiode des Kyoto-Protokolls 2020 bedeutete auch das Ende der Nutzungsmöglichkeiten des CDMs. Nach einer Entscheidung auf der Klimakonferenz 2021 (COP 26) gab es eine Überleitung in ein Nachfolgesystem.

Literatur

1. Max-Planck-Gesellschaft: Klimawirkung von Kompensationszertifikaten wird erheblich überbewertet
2. B. S. Probst et al.: Systematic assessement of the achieved emission reductions of carbon crediting projects, nature communications 15 Article 9562 (2024)
3. UBA- Umweltbundesamt: Klimaverhandlungen
4. United Nations Climate Change: Joint Implementation
5. BMZ – Bundesministerium für wirtschaftliche Zusammenarbeit und Entwicklung: Klima-Schuldenumwandlungen – Debt-for-Climate-Swaps
6. UBA – Umweltbundesamt: Internationale Mechanismen im Klimaschutz
7. Deutscher Bundestag: Betrugsvorwürfe gegen Klimaschutzprojekte in der Ölbranche
8. BMWK – Bundesministerium für Wirtschaft und Klimaschutz: Die Zukunft des CDM

Emissionshandel

6

6.1 Prinzip

Der mit Artikel 17 des Kyoto-Protokolls ins Leben gerufene und im Artikel 6 des Abkommens von Paris bestätigte Emissionshandel (Emissions Trading) erlaubt den Industrieländern (Annex-I-Länder, Tab. 3.1) ihre Verpflichtungen zur Reduzierung der Kohlendioxidemissionen als Handelsgut miteinander zu verrechnen. Damit kann eine Nation, die ihr gesetztes Reduktionsziel nicht erreicht, durch materielle Leistungen von einer anderen Nation, die das Soll übererfüllt hat, überschüssige Reduktionmengen (Negativemission) in Form von Zertifikaten (Assigned Amount Units-AAU) erwerben. Es lässt sich jeweils ein Zertifikat pro Tonne CO_2-Äquivalent, auf das Pflichtkontigent anrechnen. Solche Transaktionen bedürfen einer Genehmigung und unterliegen Kontrollen. Für diese Transaktion bekommt jeder Staat die Menge an Emissionsrechten (AAU) zugeteilt, welche den festgesetzten Minderungsverpflichtungen (Tab. 3.1) entspricht. Für Projekte in den Bereichen Landnutzung, Landnutzungsänderung und Forstwirtschaft, die eine Minderung von Treibhausgasen generieren, gibt es spezielle Zertifikate (Removal Units-RMUs).

Als klimapolitisches Element kann Emissionshandel auf nationaler und internationaler Ebene betrieben werden. Er erlaubt die Begrenzungen und Minderungen durch Emissionsbudgets dort zu realisieren, wo dies am günstigsten ist. Der Kohlenstoffmarkt, mit dem sowohl Regierungen als auch nicht staatliche Institutionen Emissionszertifikate für Kohlendioxid handeln können, soll zu Preisen führen, die einen kosteneffizienten Klimaschutz ermöglichen. Neben dem Pflichtmarkt (Compliance Carbon Market – CCM), bei dem Klimaschutzverpflichtungen einzuhalten sind, gibt es einen freiwilligen Kohlenstoffmarkt (Voluntary Carbon Market – VCM), der keinen formalen Verpflichtungen unterliegt, sondern indem sich die Teilnehmer selbst Minderungsziele setzen. Ein solcher privater Zerti-

K. H. Lillich, *Internationale Klimarahmenkonventionen und nationale Klimaschutzprogramme*, https://doi.org/10.1007/978-3-658-50029-0_6

fizierungsmechanismus bietet zum Beispiel einem Unternehmen die Möglichkeit, eine vor Ort nicht zu vermeidende, im Zuge seiner Wertschöpfungskette entstehende CO_2-Emission vorteilhaft zu kompensieren. Auch um einem Anspruch gerecht zu werden, der bis zur vollständigen Klimaneutralität geht, hat der freiwillige Kohlenstoffmarkt an Bedeutung gewonnen. Damit kann allerdings die Gefahr verbunden sein, dass Produkte oder Dienstleistungen als „klimaneutral" deklariert werden, obwohl deren Schadstoffbilanz nur auf dem Papier ausgeglichen wurde, [1, 2].

Die Möglichkeit, Begrenzungs- oder Reduktionsverpflichtungen durch Kauf und Verkauf zwischenstaatlich zu verrechnen, hat einen Emissionshandelsmechanismus in Gang gesetzt, der auch von regionalen Staatengemeinschaften wie der Europäischen Union übernommen wurde. Es handelt sich um das inzwischen stärkste marktwirtschaftliche Instrument zur Senkung der anthropogenen CO_2-Emisionen. Um das Hauptziel einer globalen Reduzierung der Treibhausgase nicht zu gefährden, werden die handelbaren Gesamtmengen von Staats wegen begrenzt. Für emissionsstarke Sektoren bzw. Unternehmen kann die Politik regulierende Obergrenzen (Cap) ansetzen, die unter dem momentanen Treibhausgasausstoß liegen. Als Vergleich gelten die branchenweit effektivsten Anlagen. Sollten die zur Einhaltung der Emissionswerte zugewiesenen Verschmutzungsrechte (Benchmark) nicht ausreichen oder mit anderen Maßnahmen die verpflichtend verlangte Begrenzung oder Minderung der Emissionen nicht erfüllt werden, muss ein Ausgleich durch den Zukauf von Zertifikaten (Trade) erfolgen. Wenn innerhalb eines regulierten Sektors nur eine begrenzte Anzahl an Verschmutzungsrechten (Allowances-AAs) in Umlauf ist, bestimmen Angebot und Nachfrage den, im Allgemeinen durch Versteigerung erzielten, Preis. Dessen Höhe hängt davon ab, wie ambitioniert die Emissionsobergrenzen von Staats wegen angesetzt werden und welche Menge an kostenlosen Emissionszertifikaten die betroffenen Sektoren zugewiesen bekamen. Die Politik kann damit den Markt lenken, der aber zusätzlich unter dem Einfluss der Brennstoffkosten steht. Außerdem können, ähnlich wie beim Aktiengeschäft, Spekulanten eine Rolle spielen. Der Betrag, der für eine Tonne emittiertes Kohlenstoffdioxid gezahlt werden muss, hat auch eine Signalwirkung für Unternehmen bei der Entscheidung, ob es sich lohnt, in kohlenstofffreie Technologien zu investieren, [3]. Andererseits besteht die Gefahr, dass solche Überlegungen gar nicht angestellt werden, wenn z. B. durch einen Standortwechsel strengere Minderungsauflagen zu umgehen sind. Allerdings könnte eine solche Verlagerung Optionen für Länder eröffnen, die auf eine wirtschaftliche Entwicklungshilfe angewiesen sind.

Emissionshandel wird bestimmt durch das Angebot an Zertifikaten und die Nachfrage danach, seitens der regulierten Unternehmen und in Abhängigkeit, wie emissionsintensiv deren Produktion ist. Er ist das wichtigste Element einer politisch beeinflussbaren globalen Klimaschutzstrategie, die darauf abzielt, innerhalb einer Marktwirtschaft durch die anthropogene Umweltbelastung entstehenden Kosten mit einzubeziehen. Über eine anpassbare Begrenzung im Umlauf befindlicher und zugeteilter Zertifikate (AAs) ist eine sukzessive Reduktion der Emission von Treibhausgasen zu steuern und gleichzeitig können Investitionsmittel zur Dekarbonierung generiert werden. Der Handel mit Emissionsrechten impliziert und alimentiert einen Technologietransfer von den Industrie- zu den Schwellen- und Entwicklungsländern. Dabei soll es in hohem Maße um die Schadensabwehr und die Anpassung an den Klimawandel gehen, [4].

Der Kohlenstoffhandel erlaubt einen Mechanismus (Baseline-and-Credit-System), der als flexibles Gutschriftensystem funktioniert. Für nachweislich unter einer festgelegten Obergrenze erreichte Emissionsminderungen (Negativemission) werden Zertifikate fällig, die innerhalb eines CO_2-Marktes handelbar und zu verrechnen sind, [3]. Letztlich gilt das einfache Prinzip, für die Emission von Treibhausgasen ist ein Preis zu zahlen und damit besteht für die Verursacher ein Anreiz, beschleunigt in Technologien zur Dekarbonisierung zu investieren. Die Bereitschaft dazu wird zunehmen, wenn sich die gesetzlichen Vorgaben für Emissionsminderungen schärfen und gleichzeitig die Zertifikate verknappt werden, was deren Preis steigert. Die Staatsgewalt kann Druck ausüben, weil sie allein vorgibt, welche Sektoren und zugehörige Unternehmen mit einer CO_2-Abgabe belastet werden, nach welchen Obergrenzen sich diese ausrichten muss und in welchem Umfang es kostenlose Zertifikate gibt, damit z. B. die Wettbewerbsfähigkeit nicht leidet.

6.2 Ansätze und Initiativen

Obwohl es von dem Beschluss des Kyoto-Protokolls in Jahr 1997 bis 2005 dauerte, ehe es offiziell in Kraft trat, etablierte sich in Dänemark und Großbritannien schon 2002 ein darauf beruhendes Handelssystem. Letzteres wurde dann von dem abgelöst, das die Europäischen Union mit den Emissionshandelsrichtlinien (EHS) im Jahr 2005 einführte. In Australien gab es im Bundesstaat New South Wales von 2003 bis 2012 ein, vor allem auf Aufforstungsprojekte ausgerichtetes CO_2-Handelssystem, von dem Stromerzeugungs- und Industrieunternehmen betroffen waren. In Neuseeland wurde 2008 ein ähnliches System beschlossen, das jedoch die Landwirtschaft mit einbezog. Der 2008 in der Schweiz eingerichtete Emissionshandel wurde 2020 mit dem der Europäischen Union verknüpft. Österreich führte ab 2011 einen Handel mit Treibhausgasemissionszertifikaten ein.

In Nordamerika begründeten der US- Bundesstaat Kalifornien und die kanadischen Provinzen Quebec und Ontario ein gemeinsames Projekt für einen Emissionshandel. Außerdem gab es in den USA und Kanada freiwillig funktionierende Handelssysteme, wie das von 2003 bis 2010 als Musterbeispiel eines freiwilligen Kohlenstoffmarkts (VCM) geltende Chicago Climate Exchange (CCX), mit dem sich Firmen, Verbände und Universitäten verpflichteten, die CO_2-Emissionen durch Aufforstung zu kompensieren, [5]. Während in den Vereinigten Staaten, wo etwa 13 % der globalen Emissionen anfallen, auf nationaler Ebene bisher kein politisches Interesse besteht, einen offiziellen Emissionshandel einzuführen, sind verschiedene Bundesstaaten mit eigenen Systemen aktiv geworden. In Kalifornien werden etwa drei Viertel der Treibhausgasemissionen mit zugeteilten oder ersteigerten Zertifikaten abgedeckt.

China, das mit fast einem Drittel am weltweiten Ausstoß beteiligt ist, hat 2013 in einigen Provinzen begonnen, von emissionsintensiven Industrien CO_2-Zertifikate zu verlangen. Erst 2021 entstand ein nationaler Emissionshandel, mit dem Unternehmen des Energiesektors, die mit etwa 5 Mrd. t CO_2-Äquivalenten ungefähr 40 % der chinesischen und 13 % der globalen anthropogenen Emissionen zu verantworten haben, in die Pflicht genommen werden. Für jede ausgestoßene Tonne CO_2 ist demnach eine Berechtigung vorzulegen, die die Unternehmen, wenn die kostenlos zugeteilten dazu nicht ausreichen, zukaufen müssen. Schrittweise soll dieses System auf weitere Industrien und die zivile Luftfahrt ausgedehnt werden, [6].

Paradoxerweise zählt China, obwohl es gemessen am Bruttoinlandprodukt (BIP), inzwischen die zweitgrößte globale Volkswirtschaft (Tab. 6.1) ist, nach den Statuten der Weltklimarahmenkonvention zu den „armen" Ländern und nimmt entsprechend an CDM-Projekten teil, (Tab. 5.1). In Indien, wo inzwischen mehr Treibhausgase emittiert werden

Tab. 6.1 Länder mit dem höchsten Bruttoinlandsprodukt (BIP) 2023. (Daten: Länderdaten [7], Enerdata [8])

		BIP	Primärenergie	BIP/Energie
Rang	Land	Mrd. €	TWh	€/kWh
1	USA	25.636,5	25.260	1,01
2	China	16.456,8	47.218	0,35
3	Deutschland	4.185,4	2.861	1,46
4	Japan	3.888,4	4.547	0,86
5	Indien	3.299,3	13.200	0,25
6	Großbritannien	3.126,7	1.686	1,85
7	Frankreich	2.822,4	2.466	1,14
8	Italien	2.127,9	1.582	1,35
9	Brasilien	2.010,2	3.908	0,51
10	Kanada	1.981,4	3.454	0,57
11	Russland	1.869,4	9.746	0,19
12	Mexiko	1.654,6	2.234	0,74
13	Australien	1.598,1	1.535	1,04
14	Südkorea	1.584,0	3.384	0,47
15	Taiwan	1.540,1	1.268	1,21
16	Spanien	1.498,3	1.279	1,17
17	Indonesien	1.268,1	3.466	0,37
18	Niederlande	1.067,6	709	1,51
19	Türkei	1.034,2	1.954	0,53
20	Saudi-Arabien	987,3	3.245	0,30

als in der Europäischen Union (EU), wurde 2023 ein ambitionierter Emissionshandelsplan publiziert, [9]. Großbritannien betreibt seit 2021 einen nationalen Kohlenstoffmarkt. Mittlerweile sind weltweit etwa 30 Emissionshandelssysteme als Strategie zur Dekarbonisierung in der Prüfung oder bereits in Gang gesetzt, mit besonderer Dynamik in Lateinamerika und im asiatischen Raum, [10]. Aus Tab. 6.1 ist zu entnehmen, wie sich die ökonomische Wertstellung der Länder verändert, setzt man, als sogenannte Energieproduktivität, die erreichte Wirtschaftsleistung (BIP) mit der dafür eingesetzten Primärenergie ins Verhältnis. Dann rücken die als Annexstaaten geführten Industrieländer nach vorne.

Einen Überblick über die Prozentanteile der Treibhausgasemissionen, die ab 2005 weltweit durch Emissionshandelssysteme oder Kohlenstoffsteuer nach Angabe der Weltbank abgedeckt wurden, gibt Abb. 6.1, [11]. Demnach weitete sich der Emissionshandel, nach einem langsamen, erst durch die Aktivität der EU angeschobenen Verlauf, stetig aus – der abrupte Aufschwung hängt vermutlich mit dem Beginn eines nationalen Markts in China zusammen. Derzeit werden etwa 12 Mrd. t CO_2 durch den globalen Emissionshandel abgedeckt. Um zu vermeiden, dass damit nicht nur eine Verschiebung stattfindet – eine Seite verringert um eine Tonne und verkauft ein Zertifikat, die andere Seite kauft ein Zertifikat und kann eine Tonne mehr ausstoßen –, sondern tatsächlich eine Minderung der klimaschädlichen Abgase erzielt wird, muss gleichzeitig eine Reduzierung der im Umlauf befindlichen CO_2-Zerifikate gesichert sein.

Abb. 6.1 Treibhausgasabdeckung durch Emissionshandel. (Daten: Weltbank [11])

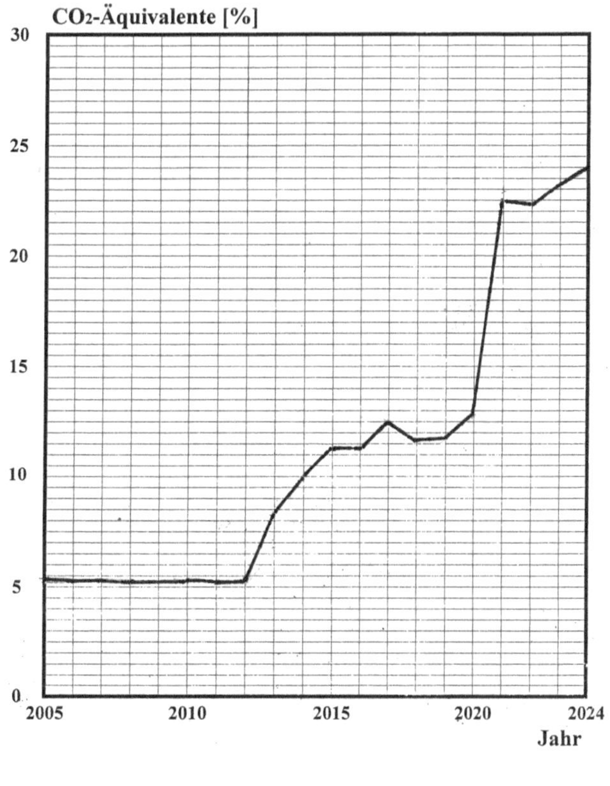

Blickwinkel
Letztlich wird der Erfolg, mit der Bepreisung eine Minderung an anthropogenen Treibhausgasen zu beschleunigen, davon abhängen, inwieweit es gelingt, den Einstieg in globale Handelssysteme zu bewerkstelligen, ohne mit differierenden CO_2-Preisen den internationalen Wettbewerb zu verzerren. Dazu könnte bereits eine Verknüpfung verschiedener nationaler Kohlenstoffmärkte hilfreich sein, womit sich Emissionsrechte oder Gutschriften zur Einhaltung von Klimaschutzbestimmungen über die Grenzen hinaus übertragen ließen. Auch für wirtschaftlich schwächere Länder wäre ein multilateraler Emissionshandel hilfreich, indem man sie im Bedarfsfall mit einer Menge an kostenlosen Emissionsrechten ausstatteten könnte.

Die Europäische Kommission unterstützt andere Länder beim Ausbau und der Entwicklung nationaler Emissionshandelssysteme. Sie ist Mitbegründerin eines internationalen Forums für die Zusammenarbeit von Ländern und Regionen, welche bereits einen Emissionshandel betreiben (International Carbon Action Partnership – ICAP). Von den G7-Staaten wurde eine Institution gegründet (Just Energy Transition Partnerships – JETPs), um mit Schwellen- und Entwicklungsländern beim Klimaschutz zusammenzuarbeiten.

Um die Schwierigkeiten in der internationalen Zusammenarbeit zur Bekämpfung des Klimawandels wirksam anzugehen, wurde die Gründung eines Klimaclubs propagiert. Dessen Strategie solle darin bestehen, den Mitgliedern als Gegenleistung für Emissionsminderungen, oder andere Klimaschutzmaßnahmen, wirtschaftliche Vorteile zu gewähren. Der Emissionshandel ist dabei ebenfalls das maßgebende Instrument. Die Clubmitglieder sollen die Bedingungen für eine gegenseitige Anerkennung von Minderungen bei den Treibhausgasemissionen festlegen, die für den Handel erforderlichen Marktinfrastrukturen aufrechterhalten und Klimaschutzbemühungen unterstützen und bewerten. Mit einer solchen internationalen Verknüpfung in der Klimapolitik wird eine Optimierung des Klimaschutzes und der damit einhergehende Kosten erwartet, [12]. Letztlich geht es darum, nationale Emissionshandelssysteme in Gang zu setzen und dann zusammenzuführen, um mit einem großen Marktvolumen die effektivste Balance zwischen CO_2-Preis und Vermeidungskosten zu erreichen. Ein globaler Emissionshandel könnte das Fundament für einen maximalen Klimaschutz zu minimalen Lasten sein, [13].

6.3 Europäischer Emissionshandel

Als das zentrale Klimaschutzinstrument wurde 2005 der geregelte Europäische Emissionshandel (EU-ETS 1) eingeführt, zur Umsetzung der mit dem Kyoto-Protokoll eingegangenen Verpflichtungen. Neben den EU-Mitgliedsländern nahmen noch Norwegen, Island und Liechtenstein teil (EU 30), seit 2019 ist die Schweiz integriert. Es sind ungefähr 10.000 Unternehmen aus der Energiewirtschaft und der energieintensiven Industrie einbezogen, welche etwa 40 % der Treibhausgasemissionen in Europa verursachen. Seit

2012 wird der europäische Luftverkehr und seit 2024 die europäische Schifffahrt mit einbezogen; ab 2027 soll noch der europäische Brennstoffhandel, insbesondere soweit dieser die Verkehrs- und Gebäudesektoren betrifft, hinzukommen (EU-ETS 2). Die Emissionen der Anlagen, die in das Handelssystem EU-ETS 1 eingebundenen waren, sanken von 2005 bis 2023 um 48 %, trotzdem wurden noch jährlich 1,09 Mrd. t CO_2-Äquivalente emittiert. In Deutschland betrug der Rückgang vergleichsweise 44 % und der verbliebene Jahresausstoß 289 Mio. t, [14].

Um die institutionellen Regelungen für jeden Zeitabschnitt anpassen und verändern zu können wurden sequenzielle Perioden für den Emissionshandel (EU-EHS), gewählt.

- In der ersten Periode (2005–2007) wurden nur CO_2-Emissionen aus der Stromerzeugung und energieintensiven Industrien berücksichtigt und die Obergrenzen geschätzt. Letzteres führte dazu, dass zu viele Emissionszertifikate in Umlauf gelangten. Weil dadurch das Angebot die Nachfrage überwog, fiel deren Preis (Abb. 6.2).
- In der zweiten Periode (2008–2012) wurde die Emissionsobergrenze kontinuierlich reduziert, trotzdem blieb ein Überschuss an Zertifikaten und deshalb der Preis gering.
- In der dritten Handelsperiode (2013–2020) wurde mit deutlichen Veränderungen gegengesteuert. Anstatt nationaler, wurden für die EU einheitlich geltende Obergrenzen eingeführt. Die Anzahl der sich im Umlauf befindenden Emissionserlaubnisse wurde verringert und anstelle einer kostenlosen Zuteilung mussten benötigte Zertifikate an der Europäischen Energiebörse (European Energy Exchange – EEX) ersteigert werden. Weitere Sektoren und Treibhausgase wurden in den Emissionshandel mit einbezogen, [15].

Als Folge wenig ambitioniert angesetzter Obergrenzen (Cap), marktbedingt eingetretener Emissionsrückgänge und Gutschriften, die durch internationale Nutzung der flexiblen Mechanismen des Kyoto-Protokolls (Abb. 5.1) zugeschrieben wurden, hatte sich seit 2008 im europäischen Emissionshandel ein Überschuss an Berechtigungszertifikaten (European Emission Allowances – EUA) angesammelt. In der Folge fiel deren Preis auf ein niedriges Niveau ab und der Emissionshandel als Initiator für unternehmerische Investitionen zur Senkung des CO_2-Ausstoßes verlor immer mehr an Wirkung. Es kam zu einer Reform des Emissionshandelssystems. Zur besseren Abstimmung von Angebot und Nachfrage bei Zertifikaten, wurde eine Marktstabilitätsreserve (MSR) installiert, welche 24 % aller Emissionsgutschriften umfasst, die im Falle von Engpässen freigegeben werden konnten. Um auch zukünftig ein regulierendes Eingreifen in die CO_2-Preisentwicklung zu sichern, wurde die Reservehaltung von Zertifikaten bis 2030 verlängert und gleichzeitig das Ziel gesetzt, die Industrieemissionen bis 2030 um 62 % zu senken, [16, 17]. Aus Abb. 6.2 sind die von der Weltbank für die EU pro Jahr angegebenen mittleren Emissionshandelspreise zu entnehmen. Nach einem durch Corona bedingten Knick, steigen sie seit 2017 steil an. Damit verbunden sind kurzfristige, sprunghafte Schwankungen, die Abb. 6.3 zeigt. Dabei wirken sich auch die Preisentwicklungen auf dem Energiemarkt aus. Unabhängig von den Preissprüngen für EUA-Zertifikate haben die Treibhausgasemissionen kontinuierlich abgenommen, was dem Rückgang der anthropogenen CO_2-Äquivalente zuzuschreiben ist.

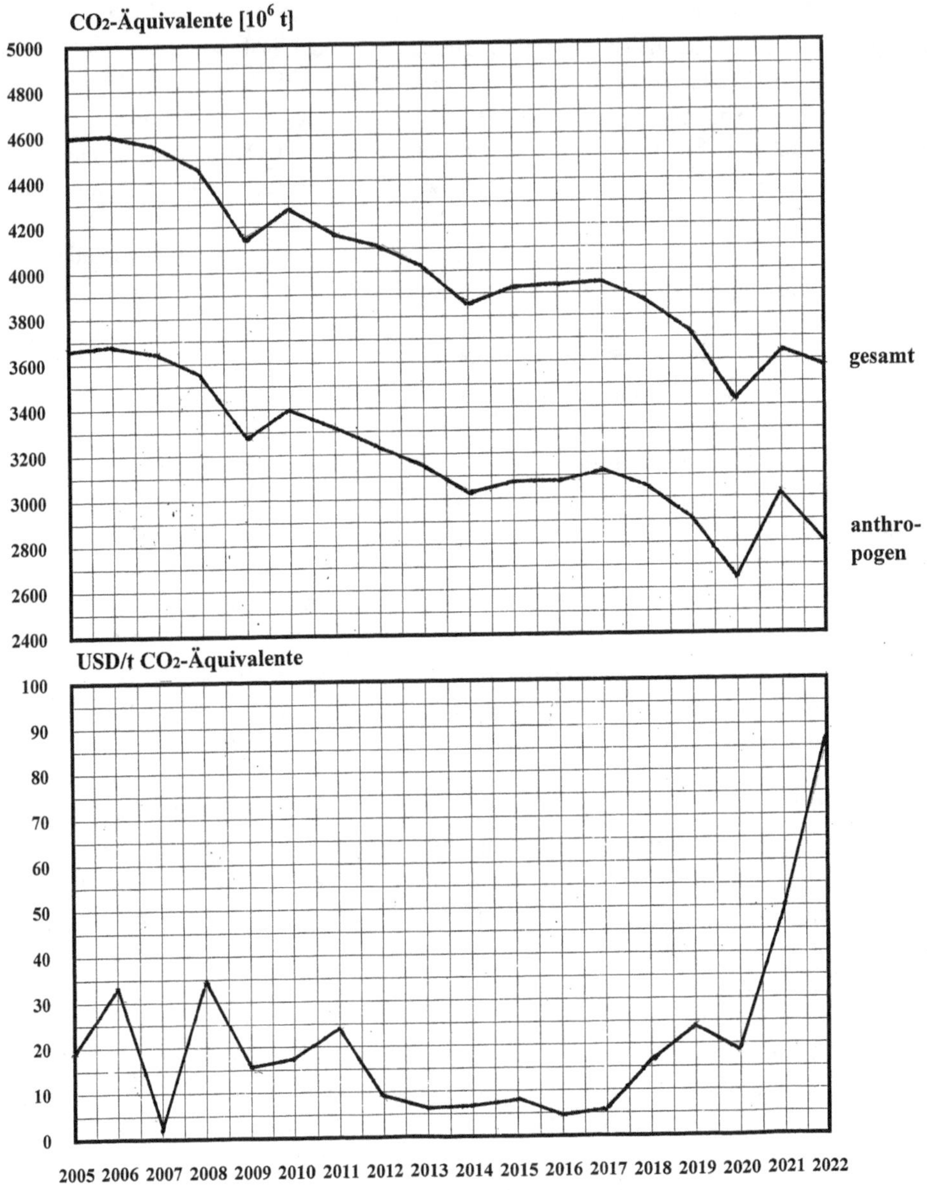

Abb. 6.2 Vergleich Emissionshandelspreis/Treibhausgasemissionen – EU. (Daten: Weltbank [11], EDGAR [18])

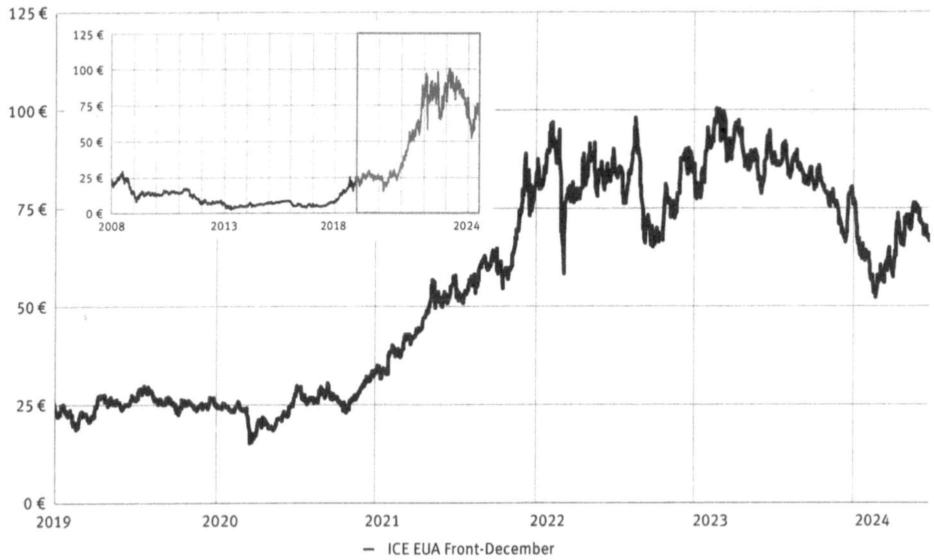

Abb. 6.3 Preisentwicklung für Emissionsberechtigungen (EUA) seit 2008. (Daten: DEHSt [19])

Abb. 6.4 zeigt einen Vergleich der realen CO_2-Emissionen mit den Emissionsobergrenzen (Cap) für den EU-ETS 1 ab der 2. Handelsperiode. Die Emissionsobergrenzen ergaben sich für die ersten beiden Handelsperioden (2005–2007, 2008–2012) jeweils als Summe aus den durch die Mitglieder selbst festgelegten Grenzwerte. Für jede Periode hatte jeder Mitgliedsstaat einen nationalen Allokationsplan (NAP) zu erstellen, der eine Übersicht über die nationale Verteilung der Emissionszertifikate gab, [20]. Ab der 3. Handelsperiode (2013–2020) erhielten alle Mitgliedsstaaten zusammen eine zulässige Gesamtmenge von 15,6 Mrd. Emissionszertifikaten, mit sinkendem Verlauf, verteilt auf die acht Jahre. Die allmähliche Verknappung wurde in der seit 2021 andauernden, aktuellen 4. Handelsperiode fortgesetzt, ab 2023 verstärkt durch das „Fit for 55" Paket und dem verschärften Ziel, gegenüber 2005 bis 2030 eine Minderung von 62 %, statt bisher 55 %, zu erreichen. Abgesehen von einer geringen Überschreitung 2008 lagen die Emissionen immer unter dem Cap, trotz dessen schrittweisen Absenkens und der Ausdehnung der Anwendungsbereiche. Ein Vergleich der durch Handel abgedeckten Emissionen mit den Gesamten, zeigt, abgesehen vom Coronaeinfluss, einen ähnlich abnehmenden Verlauf (Abb. 6.5). Dies lässt sich als Erfolg des Fortschritts in der Transformation zu Technologien, die eine Dekarbonisierung ermöglichen, interpretieren. Es könnte aber auch damit zu begründen sein, dass mit dem Ausstoß von Treibhausgasen verbundenen Produktionen heruntergefahren oder nach außerhalb des europäischen Wirtschaftsraums verlagert wurden. Immerhin erhöht, solange fossile Brennstoffe gebraucht werden, eine CO_2-Bepreisung deren Kosten merklich, Tab. 6.2; bzw. verteuert sie den Strom, je nach Anteil fossiler Energieträger bei dessen Erzeugung (Emissionsfaktor), (Abb. 6.6), [16, 21].

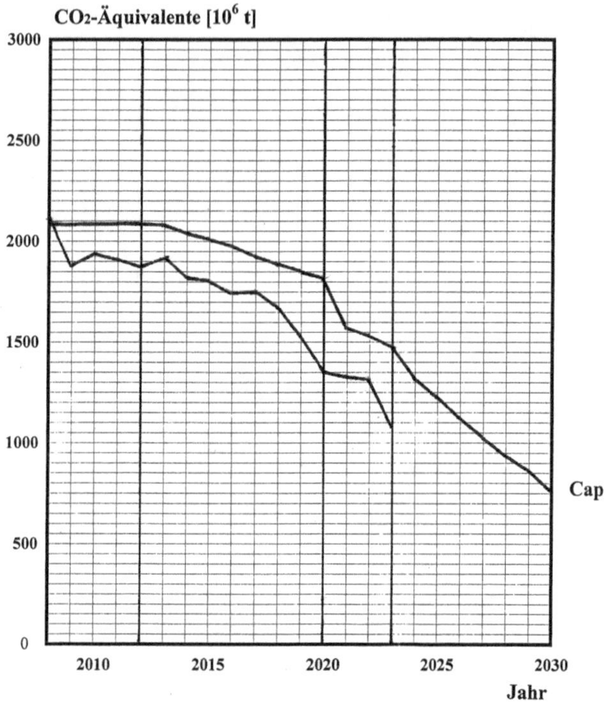

Abb. 6.4 Europäischer Emissionshandel. (Daten: UBA [21])

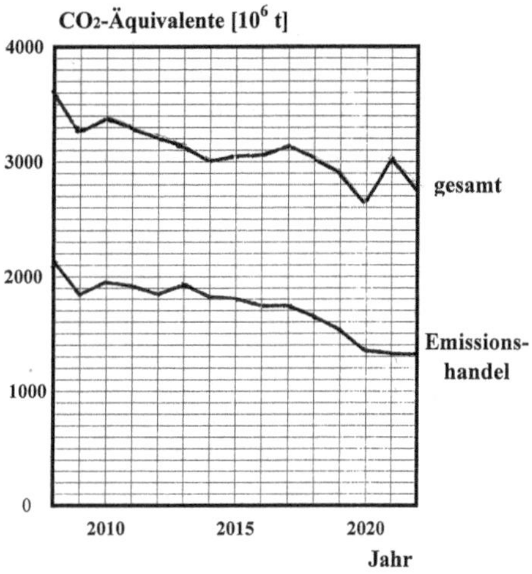

Abb. 6.5 Vergleich Gesamtemission/ Emissionshandel. (Daten: EDGAR [18], UBA [21])

Tab. 6.2 Preiszuschlag für Brennstoffe bei CO_2-Bepreisung

Brennstoff	CO_2-Emission		Bepreisung [€/t CO_2] 25	50	100	150	200	250
			Preiszuschlag [ct/kg, ct/l, ct/m³]					
Steinkohle	2,87	kg CO_2/kg	7,2	14,4	28,7	43,1	57,4	71,8
Braunkohle	1,48–1,91	kg CO_2/kg	4,3[1]	8,6[1]	17,1[1]	25,5[1]	34[1]	42,5[1]
Laubholz	1,56	kg CO_2/kg	3,9	7,8	15,6	23,4	31,2	39,0
Nadelholz	1,39	kg CO_2/kg	3,5	7,0	13,9	20,9	27,8	34,8
Heizöl EL	2,73	kg CO_2/l	6,8	13,7	27,3	41,0	54,6	68,3
Heizöl S	3,12	kg CO_2/l	7,8	15,6	31,2	46,8	62,4	78,0
Benzin	2,37	kg CO_2/l	5,9	11,9	23,7	35,6	47,4	59,3
Diesel	2,65	kg CO_2/l	6,6	13,3	26,5	39,8	53,0	66,3
Erdgas H	2,05	kg CO_2/m³	5,1	10,3	20,5	30,8	41,0	51,3
Erdgas L	1,82	kg CO_2/m³	4,6	9,1	18,2	27,3	36,4	45,5
LNG-Gas	2,38	kg CO_2/m³	6,0	11,9	23,8	35,7	47,6	59,5

[1]Mittelwert

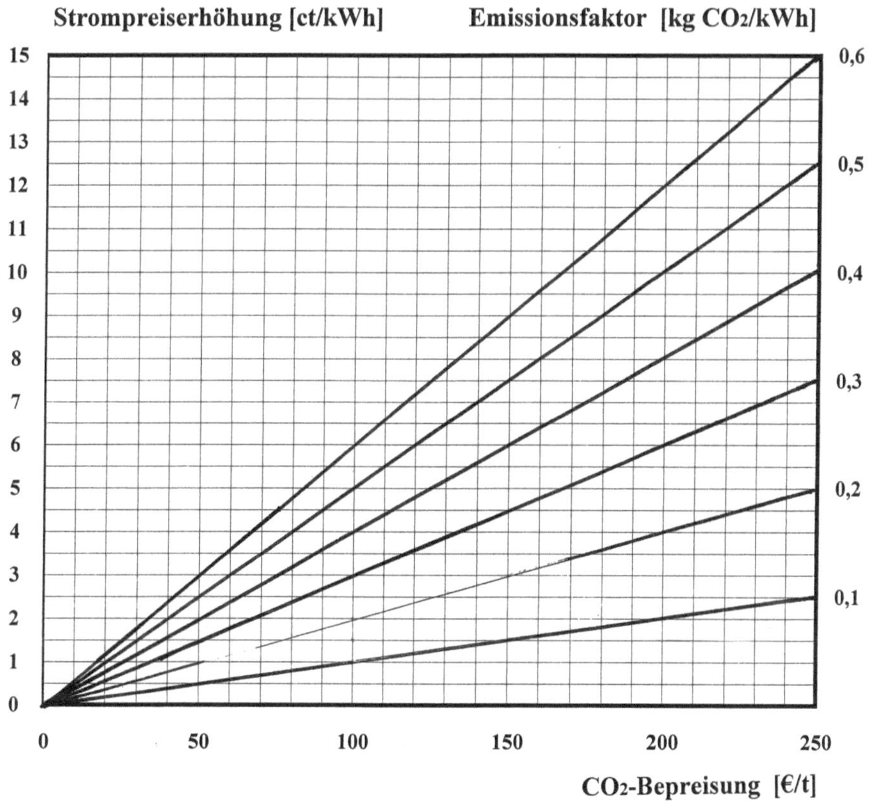

Abb. 6.6 Strompreiserhöhung durch CO_2-Bepreisung

Blickwinkel

Mit der ab 2028 vorgesehenen Ausweitung des Emissionshandels auf die Sektoren Verkehr und Gebäude (EU-ETS 2) wird den Verbrauchern auferlegt, die Kosten für den von ihnen verursachten CO_2-Ausstoß selbst zu übernehmen; in Deutschland, auf der Grundlage eines 2019 beschlossenen „Klimapaket" bereits 2021 mit einem nationalen Emissionshandelssystem eingeführt. Dabei müssen die Verbraucher von sich aus keine Emissionsrechte erwerben, sondern stellvertretend übernehmen das die Unternehmen, welche die Brennstoffe zum Kauf anbieten. Ausgerichtet auf den Kohlenstoffgehalt des Primärenergieträgers wird der Brennstoffpreis erhöht und über diesen die Kosten an die Verbraucher weitergegeben. Die Emissionszertifikate wurden zunächst zu einem Festpreis verkauft, der von 2021 bis 2025 stufenweise von 25 €/t CO_2 auf 55 €/t CO_2 anstieg, [22]. Das erhöht zum Beispiel den Preis für einen Liter Benzin um rund 13 Cent, entsprechendes gilt für LNG-Gas; bei einem Liter Diesel oder Heizöl beträgt der Zuschlag etwa 15 Cent. Über die weitere Entwicklung dieser, indirekt dem Verbraucher angelasteten CO_2-Kosten wird unterschiedlich spekuliert, [23]. In Deutschland lagen 2024 die Auktionserlöse aus dem Europäischen Emissionshandel (EU-ETS 1) bei etwa 5,5 Mrd. €. Dazu kamen etwa 13 Mrd. € aus dem nationalen Emissionshandel, wovon 12,5 Mrd. € aus dem, zu einem Festpreis von 45 €/t CO_2 an der Energiebörse getätigten Verkauf von Zertifikaten stammen. 500 Mio. € kommen aus einer, zum Festpreis des Vorjahres (30 €/t CO_2), begrenzten Nachkaufsmöglichkeit. Die Gesamterlöse wurden einem Klima- und Transformationsfond (KTF) zugeführt, der zur Finanzierung der energie- und klimapolitischen Ziele Deutschlands dient, [24]. Die CO_2-Bepreisung soll nicht nur zu privaten Investitionen animieren, sie ist auch ein wichtiges Instrument zur öffentlichen Förderung des Klimaschutzes aus der Staatskasse.

Die Verknüpfung des europäischen Emissionshandels mit den flexiblen Mechanismen des Kyoto-Protokolls fördert einerseits ausländische Anstrengungen zur Reduzierung der Treibhausgase, kann aber auch zu einem, den Markt überhäufenden Zufluss von Gutschriften führen und damit die inländischen Investitionsambitionen mindern, [12]. Die wirtschaftliche Auswirkung des Klimawandels in Europa und Deutschland wird ausführlich in diversen Szenarioanalysen behandelt, [25].

6.4 CO_2-Grenzausgleich

Durch den Emissionshandel werden Energieunternehmen und besonders energieintensive Industrien mit zusätzlichen Kosten belastet, wenn sie für jede emittierte Tonne CO_2 ein Ausgleichszertifikat erwerben müssen. Um Verlagerungen energieintensiver industrieller Produktionen und den damit verbundenen CO_2-Emissionen in Länder mit weniger strengen Umweltschutzauflagen (Carbon Leakage – CL) zu vermeiden, wurde ein Grenzausgleichsmechanismus (Carbon Border Adjustment Mechanism – CBAM) eingeführt. Das bedeutet, dass aus dem Ausland eingeführte Güter mit demselben CO_2-Preis belegt werden, wie er bei einer Produktion innerhalb der EU angefallen wäre. Damit werden faire Wettbewerbsbedingungen zwischen Produzenten, die dem europäischen Emissionshandel unterliegen und Importeuren aus Drittstaaten geschaffen. Ab 2026 werden Erwerb und Abgabe von CBAM-Zertifikaten verbindlich. Die für ein importiertes Produkt zu erwerbende Anzahl ergibt sich aus dessen CO_2-Gehalt. Die Kosten orientieren sich an dem CO_2-Preis des europäischen Zertifikatshandels.

Zunächst umfasst der CO_2-Grenzausgleich Stromimporte und die Industriesektoren Eisen, Stahl, Aluminium, Zement und Düngemittel. Komplexe Produkte, wie zum Beispiel Autos, wurden wegen des hohen administrativen Aufwands vorerst ausgeschlossen, auch solche Produkte sollen aber nach und nach dazukommen. Wenn ein Importeur im Herkunftsland bereits einen CO_2-Preis bezahlte, kann ihm dies beim CBAM-Handel als Gutschrift verrechnet werden. Das soll für Drittländer ein Anreiz sein, ihrerseits einen Emissionshandel einzuführen.

In gleichem Maße wie der Anteil importierter Güter steigt, für die ein CBAM-Zertifikat fällig wird, soll die – zur Vermeidung von Produktionsverlagerungen (Carbon Leakage) – interne kostenlose Zuteilung von CO_2-Gutschrifften sinken, um dann ab 2034 vollständig zu entfallen, [26]. Innerhalb der EU hilft dies zwar, eine Klimaneutralität zu erreichen, führt aber nicht zwangsläufig zu einer globalen Minderung des Ausstoßes von Treibhausgasen. Das wäre nur durch einen weltweiten Emissionshandel zu garantieren.

6.5 EU-Lastenteilungsverordnung

Ursprünglich wurde die Lastenteilungsverordnung als Teil des „Fit for 55"-Gesetzespakets 2018 verabschiedet. Die 2023 novellierte Lastenteilungsverordnung (Effort Sharing Regulation – ESR) legt für jeden EU-Staat ein nationales Ziel für die Minderung der Treibhausgasemissionen bis 2030 fest. Mit Binnenverkehr (ohne Luftfahrt), Gebäude, Landwirtschaft, Kleinindustrie und Abfall wurden auch Wirtschaftszweige aufgenommen, die nicht zu den vom Emissionshandel erfassten Sektoren gehörten. Insgesamt machen die mit der Lastenteilungsverordnung abgedeckten Emissionen nahezu 60 % der in der EU anfallenden Gesamtmenge aus.

Im Anhang zur Verordnung sind für die Mitgliedstaaten Treibhausgasemissionsreduktionsziele für 2030, bezogen auf das Basisjahr 2005, bestimmt, die im Jahr 2018 zunächst festgelegten wurden 2023 verschärft, (Tab. 6.3). Der unterschiedlichen Wirtschaftskraft wird in der Form Rechnung getragen, indem Länder mit pro Kopf hohem Bruttoinlandprodukt (BIP) mehr beizutragen haben. Neben der Festlegung von Zielen für die Verringerung der Emissionen insgesamt, definiert die Lastenteilungsverordnung jährliche Grenzwerte für die Jahre bis 2030. Gemäß eines Durchführungsbeschlusses richtet sich danach die Anzahl der festgelegten Emissionszuteilungen (Annual Emission Allocations – AEAs). Die gemeldeten Zertifikate, im Rahmen der Verpflichtungen gemäß Lastententeilungsverordnung, werden von der Menge abgezogen, die normalerweise im Rahmen des EU-EHS versteigert würde.

Tab. 6.3 EU-Treibhausreduktionsziele. (Daten: EU [27])

Staat	Treibhausgasreduktionsziele, im Vergleich zu 2005	
	2018	2023
	%	%
Belgien	35	47
Bulgarien	0	10
Dänemark	39	50
Deutschland	38	50
Estland	13	24
Finnland	39	50
Frankreich	37	47,5
Griechenland	16	22,7
Irland	30	42
Kroatien	7	16,7
Italien	33	3,7
Lettland	6	17
Litauen	9	21
Luxemburg	40	50
Malta	19	19
Niederlande	36	48
Österreich	36	48
Polen	7	17,7
Portugal	17	28,7
Rumänien	2	12,7
Schweden	40	50
Slowakei	12	22,7
Slowenien	15	27
Spanien	26	37,7
Tschechien	14	26
Ungarn	7	18,7
Zypern	24	32

Die Verordnung gewährt den Mitgliedstaaten eine gewisse Flexibilität. Zum Beispiel lassen sich überschüssige Zertifikate in das nächste Jahr übertragen oder im Folgejahr fällige können vorweg in Anspruch genommen werden. Für hoch kumulierte Überschüsse gelten Anspargrenzen. Außerdem ist erlaubt, Zertifikate mit anderen Mitgliedstaaten zu handeln, so wie es bereits das Kyoto-Protokoll zulässt, [27–29].

Literatur

1. United Nations Environment Progamme: Carbon Markets
2. BMWK – Bundesministerium für Wirtschaft und Klimaschutz: Freiwilliger Kohlenstoffmarkt
3. BMWK – Bundesministerium für Wirtschaft und Klimaschutz: Kohlenstoffmärkte: Globale Perspektive
4. K. Bärwald et al., Friedrich Ebert Stiftung: Globaler Emissionshandel
5. Wikipedia: Emissionsrechtehandel
6. IKI – Internationale Klimaschutz Initiative: China startet nationalen Emissionshandel
7. Länderdaten: Die größten Volkswirtschaften der Welt
8. Enerdata: Globales Energie- und Klimastatistik-Jahrbuch 2024
9. Indian REACH: Indien führt ein Handelssystem für Emissionszertifikate ein
10. DEHSt -Deutsche Emissionshandelsstelle: Internationale Entwicklungen im im europäischen Emissionshandel
11. World Carbon Group: State and Trends of Carbon Pricing Dashboard
12. S. F. Verde et al.: Die internationale Dimension des EU-Emissionshandelssytems: Die Teile zusammenfügen, Experimental & Resource Economics, Springer, 2022, Bd. 83
13. EPA – United States Environmental Protection Agency: Summary of the Clean Air Act
14. DEHSt: Deutsche Emissionshandelsstelle: EU-Emissionshandel verstehen
15. Europäische Kommission: Entwicklung des EU-EHS (2005–2020)
16. UBA – Umweltbundesamt: Der EU-Emissionshandel wird umfassend reformiert
17. Europäisches Parlament: Reform des Emissionshandelssystems der EU
18. European Commission: The Emissions Database for Global Atmospheric Research (EDGAR), GHG Emissions of all World Countries
19. Deutsche Emissionshandelsstelle (DEHSt) im Umweltbundesamt Quelle ICE, Refinitiv Eikon Darstellung DEHSt
20. Wikipedia: Nationaler Allokationsplan
21. UBA- Umweltbundesamt: Der Europäische Emissionshandel
22. BMJ – Bundesministerium der Justiz: Brennstoffemissionshandelsgesetz (BEHG)
23. J. Hauser et al. So steigt der CO_2-Preis, Frankfurter Allgemeine Zeitung vom 26.11.2024
24. DEHSt: Deutsche Emissionshandelsstelle: Einnahmen aus dem Emissionshandel erneut auf Rekordniveau
25. G. P. Brasseur et al.: Klimawandel in Deutschland, Springer Spektrum, 2. Auflage
26. BMWK – Bundesministerium für Wirtschaft und Klimaschutz: Nationaler Emissionshandel
27. Europäische Kommission: Verordnung (EU) 2023/857 des Europäischen Parlaments und des Rates
28. Europäische Kommission: Lastenteilung 2021–2030: Ziele und Flexibilitäten
29. Wikipedia: Verordnung (EU) 2018/842 (Lastenteilungsverordnung)

CO_2-Fussabdruck 7

7.1 CO_2-Abgabe

In Artikel 12 des Kyoto-Protokolls wurde ein Mechanismus ausgerufen, mit dem CO_2-Lasten über Klimaschutzmaßnahmen ausgeglichen werden sollen (CDM). In Anlehnung daran hat sich ein freiwilliger Kohlenstoffhandel (VCM) etabliert, mit dem unvermeidbare Treibhausgasemissionen durch Zahlungen kompensiert werden können, wenn die dabei vereinnahmten Gelder für klimaschonende Projekte Verwendung finden. Mit einer solchen Methode (Contribution Claim Model – CCM) haben Unternehmen die Möglichkeit, über die offiziell auferlegten Reduktionsverpflichtungen hinausgehende, zusätzliche Beiträge zum globalen Klimaschutz zu erbringen. Solche freiwilligen CO_2-Abgaben für innovativen Klimaschutz müssen Maßnahmen betreffen, die zusätzlich zu den verpflichtenden Projekten wirksam werden. Mit einem freiwilligen Markt ist also kein Ausgleich von Treibhausgasemissionen zulässig, um Pflichten aus dem Kyoto-Protokoll, dem Übereinkommen von Paris oder einem Emissionshandelssystem wie dem EU-ETS zu erfüllen. Zertifikate des staatlich geregelten Emissionsmarkts werden an Börsen gehandelt, beim freiwilligen Markt werden die CO_2-Gutschriften in der Regel von einem kommerziellen Dienstleister angeboten. In beiden Fällen gilt, dass ein Zertifikat nicht mehrfach genutzt werden darf, das heißt, dass verkaufte oder übertragene Gutschriften stillgelegt werden müssen.

Die Höhe eines speziellen Klimaschutzbeitrags orientiert sich an den, von der Menge des jeweils involvierten fossilen Energieträgers abhängigen Residual-Emissionen, die bei einer Produktion, einer Dienstleistung oder einer individuellen Aktivität unvermeidbar übrigbleiben. Dabei ist mit Erschließung, Gewinnung, Transport, Herstellung, Nutzung, Verwertung und Entsorgung alles zu berücksichtigen. Die residuale Treibhausgasmenge, die in

K. H. Lillich, *Internationale Klimarahmenkonventionen und nationale Klimaschutzprogramme*, https://doi.org/10.1007/978-3-658-50029-0_7

einer solchen Bilanz übrigbleibt, wird als CO_2-Fußabdruck (Carbon Footprint) definiert. Er kann als Maßstab für Kompensationsmaßnahmen dienen, die erforderlich sind, um eine Treibhausgasneutralität zu erreichen. Das ist dann der Fall, wenn der CO_2-Fußabdruck Null wird. Falls der dazu verlangte Ausgleich der anthropogenen CO_2-Emissionen nicht auf natürliche Weise oder mittels technischer Verfahren, zum Beispiel zur Abscheidung und Speicherung von CO_2 (Carbon Dioxide Capture and Storage – CCS) gelingt, kann die CO_2-Kompensation mit Hilfe freiwilliger CO_2-Zerifikate aus dem Kohlenstoffmarkt erfolgen, [1].

7.2 Bilanzierungsansätze

Der CO_2-Fußabdruck gilt für einen Prozess, eine Aktivität, eine Handlung. Mit ihm können für jedes Produkt, jede Ware, jedes Gut, die bei der Herstellung, der Nutzung, Verwertung und Entsorgung emittierten Treibhausgase erfasst werden. Für die Erstellung der maßgebenden Treibhausgasbilanzen gibt es zwei unterschiedliche Ansätze.

- Product Carbon Footprint (PCF) hier wird die während des Lebenszyklus eines Produkts oder durch eine Dienstleistung anfallende Emissionsmenge quantifiziert. Er informiert über die spezielle CO_2-Last einer Ware oder individuell in Anspruch genommenen Leistung und hilft damit dem Konsumenten, Kaufentscheidungen zu treffen; zum Beispiel indem er bereit ist, beim Flugticket einen zusätzlichen Klimaaufschlag zu bezahlen.
- Corporate Carbon Footprint (CCF) ist nicht auf einzelne Produkte oder eine bestimmte Dienstleistung ausgerichtet, sondern auf eine umfassende Analyse aller Aktivitäten und Prozesse eines Unternehmens. Er entspricht einer Methode zur Berechnung der gesamten Treibhausgasemissionen, die in einem Unternehmen über dessen gesamten Betriebszyklus, in der Regel ein Jahr, verursacht werden. Dies betrifft alle direkten und indirekten Schadstoffquellen bei der Ver- und Entsorgung des Unternehmens und sämtliche Emissionen, die entlang der Wertschöpfungskette anfallen. Mit den gewonnenen Kenntnissen lässt sich die Klimarelevanz eines Unternehmens bewerten. Sie dienen als Grundlage für Unternehmerentscheidungen bei der Entwicklung von Strategien zur Reduzierung der Treibhausgasemissionen, zum Beispiel durch den Einsatz energieeffizienter Technologien oder die Optimierung von Lieferketten.

Obwohl der PCF auf die Klimaauswirkung eines Produkts oder einer bestimmten Dienstleistung ausgerichtet ist und der CCF auf die Gesamtemissionen eines Unternehmens oder einer Organisation, sind beide Bewertungsmaßstäbe miteinander verbunden, da die Reduzierung der mit einem Produkt verbundenen Emission meist integraler Bestandteil der Bemühungen eines Unternehmens ist, die Treibhausgasemissionen insgesamt zu mindern, [2].

7.3 Berechnung

Die Methode zur Berechnung des CO_2-Fußabdrucks kann frei gewählt werden und basiert auf Standards aus der Privatwirtschaft, wie sie zum Beispiel von der Internationalen Organisation für Normung (ISO) festgelegt werden. So behandelt die Normenreihe ISO 14064 die Bilanzierung und Verifizierung von Treibhausgasen, um über einheitliche, miteinander vergleichbare Grundlagen zu verfügen.

- Die ISO 14064-1 bietet für Unternehmen die Grundlagen zur Bestimmung der eigenen Treibhausgasinventare und zur Erstellung eines CCF.
- ISO 14064-2 bietet eine Anleitung, um auf Projektebene den Entzug von Treibhausgasen oder die Reduzierung von Emissionen zu erfassen und
- ISO 14064-3 hilft bei der Verifizierung von CO_2-Bilanzen, [3].

ISO 14067 enthält Leitlinien für die Quantifizierung von Treibhausgasen, die in jeder Phase des Lebenszyklus eines Produkts freigesetzt werden. Dabei unterscheidet man zwischen einem, durch die quantifizierte Gesamtemission definierten ganzheitlichen PCF und einem teilweisen PCF, wenn es nicht möglich ist, alle Emissionen entlang der gesamten Lieferkette zu erfassen.

Diese Normen basieren auf PAS 2050 (Publicly available Specifications), eine 2008 in England kreierte Richtlinie. Mit ihr wurden konsistente Grundlagen geschaffen, um Treibhausgasemissionen von Gütern und Dienstleistungen zu erfassen und miteinander vergleichen zu können, [4]. Sie stützt sich zudem auf das Greenhouse Gas Protocol (GHG). Dieses wurde 2011 vom World Business Council Sustainable Development (WBCSD) und World Resources Institute (WIR) veröffentlicht und enthält Grundlagen und Anforderungen für die Berechnung und die Berichterstattung von Treibhausgasemissionen für Produkte und Produktionsprozesse. Es gibt allerdings weitere Methoden und Normen und das Fehlen einheitlicher, international anerkannter Berechnungsstandards ist einer der Kritikpunkte an dem Konzept des CO_2-Fußabdruckes, [5, 6].

Das Greenhouse Gas Protocol (GHG) ist eine international anerkannte Methode, um die Emissionen von Treibhausgasen zu berechnen, die entlang eines gesamten, materiellen oder individuellen Daseinszyklus direkt oder indirekt entstanden sind. Dazu werden verschiedene Standards entwickelt, die klare Vorgaben und Ansatzpunkte zur Emissionsmessung und -reduzierung anbieten. Zur Bilanzierung des Treibhausgasanfalls eines Unternehmens oder einer Organisation werden drei Kategorien unterschieden:

Direkte Emissionen die durch eigene Aktivitäten, wie interne Strom- und Wärmeerzeugung, Produktion, Fuhrpark und Entsorgung entstehen (Scope 1). Dazu müssen deren Schadstoffpotenziale berücksichtigt und die Verbräuche der Energieträger gemessen sowie die Betriebsdaten der Energieverbraucher erfasst werden.

Indirekte Emissionen durch Fremdbezug von Energie und Brennstoffen (Scope 2). Deren Ermittlung kann auf der Grundlage der durchschnittlichen Emissionswerte lokaler

Energiegewinnung, zum Beispiel des Energiemixes bei der Stromerzeugung, ortsbasiert erfolgen oder marktbasiert anhand spezifischer Emissionswerte von ausgewählten, vertraglich gebundenen Energielieferanten.

Indirekte Emissionen entlang der gesamten Wertschöpfungskette die außerhalb und unkontrollierbar entstehen (Scope 3). Beispielsweise die Rohstoffgewinnung oder die Warenlieferung sind von unterschiedlichsten externen Partnern abhängig und unterliegen sich verändernden Bedingungen. Daher sind sie schwer zu quantifizieren. Hilfsweise wurden dafür 15 Kategorien definiert, um eine detaillierte Bilanzierung über eine gesamte Lieferkette zu ermöglichen, [2, 7]. Wird die für ein bestimmtes Produkt auf diese Weise bewertete CO_2-Last pekuniär ausgeglichen, gilt dieses als klimaneutral. So kann zum Beispiel, unabhängig vom realen Strommix, Ökostrom angeboten werden, wenn dessen höherer Preis den Kompensationsaufwand refinanziert. Im Wesentlichen geht es darum, ein umweltbewusstes Konsumverhalten zu initiieren. Beispielsweise kann das Wissen um den ökologischen Fußabdruck von Lebensmitteln und Speisen hierzu einen Beitrag leisten, [8].

Blickwinkel

Die Ermittlung von Treibhausgasbilanzen wird kommerziell angeboten – im einfachsten Fall in Form von simplen, im Online-Verfahren zu handhabenden, CO_2-Fußabdruckrechnern [9]. In einem vom Umweltbundesamt (UBA) angeboten Online-Rechner werden persönliche Angaben zu Wohnen, Stromverbrauch, Mobilität, Ernährung und sonstigem Konsum abgefragt und danach die jeweils darauf ausgerichteten und insgesamt jährlich zu erwartenden Tonnen CO_2 als „Meine vorläufige CO_2-Bilanz" präsentiert. Welche spezifischen Emissionsansätze für die bewertete Resourcennutzung und die ins Kalkül für Klimaschutz einbezogenen Aktivitäten im CO_2-Rechner hinterlegt sind, ist hier, wie auch bei anderen diesbezüglich angebotenen Berechnungsverfahren, nicht offengelegt. So entstand zum Beispiel ein Disput über die Berechnungsmethode der CO_2-Emissionen beim Heizen mit Holz, [10].

Mit der freiwilligen Kompensation, basierend auf dem CO_2-Fussabdruck, sollen die bei einer bestimmten Aktivität, wie Flugreise, Autofahrt u. ä. oder Verwendung eines bestimmten Produkts freigesetzten Treibhausgase, unabhängig vom Ort ihres Entstehens, durch den Erwerb von Zertifikaten ausgeglichen werden. Die damit generierten Finanzmittel müssen für Klimaschutzprojekte Verwendung finden, die sonst nicht realisiert worden wären. Dazu wird insbesondere in Projekte als Hilfe für Entwicklungsländer z. B. für erneuerbare Energien, ökologische Landwirtschaft und Aufforstung investiert. Zur Abwicklung solcher Kompensationsmaßnahmen gibt es Firmen, die einen Klimaobolus gleich in den Verkaufspreis einrechnen, wie zum Beispiel Fluggesellschaften. Andere Firmen verkaufen Zertifikate für eigene Klimaprojekte und garantieren die Einhaltung von

Qualitätsstandards. Letztere sollen gewährleisten, dass die eingenommenen Gelder tatsächlich für Projekte verwendet wurden, mit denen ein Ausgleich oder sogar eine darüber hinausgehende Reduzierung einer adäquaten Treibhausgasmenge gewährleistet ist. International gelten die durch den Clean Development Mechanism (CDM), Verified Carbon Standard (VCS) oder The GOLD Standard (GS) vorgegebenen Leitlinien, [11].

Blickwinkel
Inzwischen hat sich der Handel mit Emissionsgutschriften zu einem begehrten Markt entwickelt. Darauf spezialisierte Unternehmen bieten von ihnen in Gang gesetzte Klimaschutzprojekte an; es ist nicht immer gesichert, dass damit tatsächlich der versprochene Ausgleich von Treibhausgasemissionen gelingt. Doch auch wenn mit erworbenen CO_2-Zertifikaten keine effektive Emissionsreduktion erzielt wird, lässt sich so, ähnlich dem Ablasshandel, umsatzsteigernd das Label „klimaneutral" vermarkten, [12].

Das Geschäft, Umweltbelastungen durch den Erwerb von Gutschriften finanziell zu kompensieren, wurde inzwischen auch von anderen Branchen, wie zum Beispiel der Abfallwirtschaft übernommen. So können Firmen, die einen Plastikverbrauch ausgleichen wollen, Plastik-Zertifikate erwerben. Mit den von entsprechenden Anbietern eingenommenen Geldern soll an anderer Stelle, besonders in Entwicklungsländern, eine nachhaltige Abfallwirtschaft gefördert werden. Unternehmen, die für solche Geschäfte gezahlt haben, verkaufen ihre Produkte dann mit einem Label „plastikneutral", auch wenn sie weiterhin Kunststoffe verwenden, [13]. Um zu verhindern, dass ein Unternehmen von ihm finanzierte Klimaschutzprojekte zu Unrecht als ökologisch anpreist (Greenwashing), wurden für solche Geschäfte die sogenannten ESG-Kriterien (Environmental Social Governance – ESG) eingeführt, auf deren Grundlage die ökologischen und nachhaltigen Merkmale nachzuweisen sind. Entsprechendes steht auch in der EU-Taxonomieverordnung von 2020, [14].

Literatur

1. UBA – Umweltbundesamt: Ein Standard für die Treibhausgasneutralität
2. P. Fischer: Product Carbon Footprint (PCF) und Corporate Carbon Footprint (CCF) – Was ist der Unterschied?, TÜV Rheinland Consulting
3. O. Eisele et al.: Internationale Standards zur Ermittlung und Berichterstattung von CO_2-Emissionen auf Organisations- oder Produktebene, ifaa Institut für angewandte Arbeitswissenschaft
4. N. Emig: Den CO_2-Fußabdruck im Unternehmen berechnen, Klimahelden
5. ESU-Services GmbH: CO_2-Fußabdruck für Produkte und Dienstleistungen
6. S. Lewandowski et al.: Normen zur Berechnung des CO_2-Fußabdrucks, Industrie 4.0 Management, 37. Jahrgang 2021, Nr. 4, S. 17–20

7. N. Emig: GHG Protocol: Der Standard zur Emissionsmessung, Klimahelden
8. G. Reinhardt et al. Ökologische Fußabdrücke von Lebensmittel und Gerichten in Deutschland, ifeu-Institut für Energie- und Umweltforschung, Heidelberg
9. J. Scheper: CO_2-Fußabdruckrechner auf dem Prüfstand, Wegewerk
10. UBA- Umweltbundesamt: Berechnung der CO_2-Emissionen aus dem Heizen mit Holz
11. UBA- Umweltbundesamt: Freiwillige CO_2-Kompensation
12. Wikipedia: Klimakompensation
13. T. Schauenberg: Plastikzertifikate: gut fürs Klima oder Greenwashing, DW – Deutsche Welle
14. WDDB – Wissenschaftlicher Dienst Deutscher Bundestag: Envirionmental Social Governance (ESG) in der EU-Taxonomie

Treibhausgasbilanzen 8

8.1 Grundlagen zur Methodik

Um den Weg zur angestrebten Klimaneutralität verfolgen zu können, sind die nationalen und globalen Treibhausgasemissionsmengen zu ermitteln. Die notwendigen Daten werden mit Methoden wie Messung, Schätzung und Verwendung von Emissionsfaktoren erfasst. Der Weltklimarat (IPCC) hat eine Task Force für Treibhausgasinventare (TFI) installiert, die für die international geltenden Methoden zur Berechnung der nationalen Treibhausgasemissionen verantwortlich ist. Die festgelegten Richtlinien werden in Berichten zur Verfügung gestellt, zu denen die IPCC-Leitlinien für nationale Treibhausgasinventare (Guidelines for National Greenhouse Gas Inventories – IPCC-GL) aus dem Jahr 2006 und deren Verfeinerung aus dem Jahr 2019 gehören, [1].

Mit den IPCC-Methodiken werden die Emissionsmengen aus Aktivitätsdaten sowie gas- und aktivitätsspezifischen Emissionsfaktoren, teilweise mit Hilfe empirischer Gleichungen und komplexeren Modellen ermittelt, [2]. In einer speziellen Datenbank (Emission Factor Database – EFDB) sind Parameter zur Ermittlung anthropogener Treibhausgasemissionen enthalten, [3]. Von der Europäischen Kommission gibt es einen jährlichen Bericht über die Treibhausgasemissionen der Weltstaaten, sowohl für die als CO_2-Äquivalente ausgewiesene Gesamtmenge, als auch für den anthropogenen Anteil, [4]. Für Deutschland gibt es eine eigene Berichterstattung zum nationalen Treibhausinventar, [5].

Bedingt durch die teilweise abweichenden methodischen Ansätze, die verwendete Empirik und die dafür entwickelten diversen Berechnungsmodelle finden sich bei zahlenmä-

K. H. Lillich, *Internationale Klimarahmenkonventionen und nationale Klimaschutzprogramme*, https://doi.org/10.1007/978-3-658-50029-0_8

ßig ausgewiesenen Emissionsmengen manchmal Differenzen, die im Regelfall aber nicht so gravierend sind, dass die tendenziellen Aussagen über deren zeitliche Entwicklung wesentlich beeinflusst werden.

8.2 Kohlendioxid

Für die Bilanz der Treibhausgase ist das Kohlendioxid CO_2 maßgebend. Wenn 1 kg Kohlenstoff (C) unter Zusatz von Sauerstoff (O_2) stöchiometrisch verbrannt wird, entstehen 3,67 kg CO_2. Das heißt, der Anteil C an der Masse eines Stoffes bestimmt die aus einer Verbrennung entstehende und emittierte CO_2-Menge. Spezifische Emissionswerte für die gebräuchlichsten Brennstoffe sind in Tab. 6.2 angegeben. Für Holz wird das freigesetzte CO_2, mit der Begründung, dass die gleiche Menge während des Wachstums aufgenommenen wurde, oftmals nicht als umweltbelastend angesehen. Die zeitliche Komponente – ein Baum gewachsen in Jahrzehnten, gefällt und verbrannt in Stunden – wird dabei ignoriert. Entsprechendes gilt, wegen deren Erzeugung aus kohlenstoffhaltiger Biomasse, für Bio-Gas oder Bio-Kraftstoff. In Tab. 8.1 ist für gängige Brennstoffe zudem die entstehende CO_2-Menge aus deren Verbrennung angegeben, bezogen auf den dabei theoretisch erzielbaren Energiegewinn.

8.3 Methan

Methan (CH_4) ist, hinter CO_2, das bedeutendste Klimagas. Seine Auswirkung auf den Treibhauseffekt liegt um das 28-fache über dem von CO_2. Kohlendioxid dominiert das Geschehen jedoch wegen seiner um ein Vielfaches höheren Menge. In den Angaben über ausgestoßene Mengen an Methan, gibt es große Differenzen zwischen den Daten, welche auf Messungen und wissenschaftlichen Erkenntnissen beruhen und den Zahlen der nationalen

Tab. 8.1 Spezifische CO_2-Emissionen verschiedener Brennstoffe

Brennstoff	kg CO_2/kWh
Steinkohle	0,338
Braunkohle	0,345–0,353
Laubholz	0,359
Nadelholz	0,377
Heizöl EL	0,267
Heizöl S	0,274
Benzin	0,254
Diesel	0,274
Erdgas H	0,204
Erdgas L	0,201
LNG-Gas	0,239

Beiträge (NDCs), die nach den Regeln der Klimarahmenkonvention (UNFCCC) geliefert werden. So wird zum Beispiel für das Jahr 2021 von der International Energy Agency (IEA) eine Methanemission von 356,5 Mio. t angegeben, laut den UNFCCC-Berichten sollen es lediglich 274,6 Mio. t gewesen sein, [6]. Die ausgewiesenen Verursacheranteile hingegen stimmen in etwa überein. An erster Position steht die Landwirtschaft, die etwa 40 % ausmacht. Rund 35 % stammen aus den Erdgas- und Ölgewinnungs- sowie -verteilungssystemen und dem Kohleabbau, also der Verwendung fossiler Brennstoffe. Emissionen aus Mülldeponierung und Abwasser steuern ungefähr 20 % bei. In der nationalen Zuordnung der Methanquellen gibt es deutliche Unterschiede. So sind in China vor allem die Methanemissionen relevant, die beim Kohleabbau auftreten; im Mittleren Osten, Russland und den USA werden Methanemissionen besonders bei der Förderung von Erdöl und Erdgas verursacht. Methan aus der Landwirtschaft spielt vor allem in Lateinamerika und Asien durch Nutztierhaltung eine Rolle, [7]. Insgesamt zeigt der globale Ausstoß an Methan eine steigende Tendenz und die atmosphärische Konzentration ist seit 1990 um etwa 13 % gestiegen, [8].

8.4 CO_2-Äquivalente

Von den Annex-B-Ländern (Tab. 3.1) verpflichtend zugesagte Minderungen der CO_2-Emissionen werden, mit wenigen Ausnahmen, worunter nur Australien und Kanada mengenmäßig eine Rolle spielen, erreicht, (Tab. 3.4). Tab. 8.2 zeigt ab 1990 erfasste Daten, wonach es bisher nicht gelungen ist, den globalen Anstieg der Treibhausgasemissionen zu stoppen. Stattdessen nehmen diese, besonders beim anthropogenen Anteil, stetig zu und sind insgesamt um etwa 60 % angestiegen. Um dem 1,5-Grad-Ziel näher zu kommen, müssten weltweit wesentlich ambitioniertere Maßnahmen für den Klimaschutz getätigt werden. Seit 2010 wird vor der jährlichen Klimakonferenz (COP) ein Emissionslückenbericht (Emissions Gap Report – EGR) veröffentlicht, mit dem die Auswirkung der Lücke, zwischen den insgesamt zugesagten und den tatsächlich erreichten Emissionsminderungen auf den Klimawandel bewertet werden. Die national festgelegten Beiträge (NDCs) müssten deutlich ehrgeizigere Ziele verfolgen und ambitioniertere Maßnahmen realisieren, um den Ansprüchen des Pariser Abkommens gerecht werden zu können, [9].

In Abb. 8.1 sind globale CO_2-Äquvalente ab 1990 aufgetragen, die sich aus einem nicht-anthropogenen Anteil und einem solchen, der durch das Handeln von Menschen bestimmt wird, addieren. Es zeigt sich, dass mit einem Anteil von über 70 % am Gesamtausstoß hauptsächlich CO_2-Emissionen für die Zunahme des atmosphärischen Treibhauseffekts verantwortlich sind, die von Menschen direkt verursacht werden und dies mit ansteigender Tendenz. Es ist anzumerken, dass der Ausstoß nicht nur durch die Verwendung fossiler Brennstoffe bewirkt wird, sondern auch die Folgen von Landnutzungsänderungen, wie Abholzen von Wäldern, intensive Bewirtschaftung von Ackerflächen mit Monokulturen und exzessive Bautätigkeiten sind. Besonders negativ wirkt sich aus, wenn durch zu intensive

Tab. 8.2 Treibhausgasemission – Welt. (Daten: EDGAR [4])

Jahr	gesamt	anthropogen	ohne anthropogen	Anteil anthropogen	Anteil ohne anthropogen	gesamt seit 1990	anthropogen seit 1990	ohne anthropogen seit 1990
	10^6 t			%		%		
2023	52.963	39.063	13.900	73,76	26,24	59,20	73,48	29,29
2022	53.786	38.522	15.264	71,62	28,38	61,67	71,08	41,97
2021	53.057	38.082	14.974	71,78	28,22	59,48	69,13	39,28
2020	50.632	35.945	14.688	70,99	29,01	52,19	59,63	36,61
2019	52.557	37.825	14.732	71,97	28,03	57,98	67,99	37,03
2018	52.398	37.832	14.566	72,20	27,80	57,50	68,02	35,48
2017	51.195	36.890	14.305	72,06	27,94	53,89	63,83	33,05
2016	50.343	36.256	14.087	72,02	27,98	51,33	61,02	31,03
2015	50.354	36.159	14.196	71,81	28,19	51,36	60,59	32,04
2014	50.243	36.290	13.953	72,23	27,77	51,02	61,17	29,78
2013	49.876	36.167	13.709	72,51	27,49	49,92	60,62	27,51
2012	49.069	35.380	13.689	72,10	27,90	47,50	57,13	27,32
2011	48.409	34.911	13.498	72,12	27,88	45,51	55,05	25,55
2010	46.991	33.848	13.143	72,03	27,97	41,25	50,33	22,24
2009	44.750	31.898	12.853	71,28	28,72	34,51	41,66	19,55
2008	45.169	32.307	12.861	71,53	28,47	35,77	43,48	19,62
2007	44.860	32.113	12.747	71,58	28,42	34,84	42,62	18,57
2006	43.539	30.944	12.596	71,07	28,93	30,87	37,42	17,16
2005	42.318	29.925	12.394	70,71	29,29	27,20	32,90	15,28
2004	40.982	28.847	12.135	70,39	29,61	23,19	28,11	12,87
2003	39.355	27.562	11.793	70,04	29,96	18,30	22,41	9,69
2002	37.807	26.344	11.463	69,68	30,32	13,64	17,00	6,62
2001	37.317	25.939	11.378	69,51	30,49	12,17	15,20	5,83
2000	36.992	25.621	11.371	69,26	30,74	11,19	13,79	5,76
1999	36.051	24.822	11.229	68,85	31,15	8,37	10,24	4,45
1998	35.812	24.643	11.170	68,81	31,19	7,65	9,44	3,89
1997	35.724	24.484	11.240	68,54	31,46	7,38	8,74	4,54
1996	35.262	24.015	11.247	68,10	31,90	5,99	6,65	4,61
1995	34.632	23.558	11.074	68,02	31,98	4,10	4,62	3,00
1994	33.748	22.892	10.856	67,83	32,17	1,44	1,66	0,97
1993	33.403	22.672	10.731	67,87	32,13	0,40	0,69	– 0,19
1992	33.301	22.524	10.777	67,64	32,36	0,10	0,03	0,24
1991	33.373	22.655	10.718	67,88	32,12	0,32	0,61	– 0,31
1990	33.268	22.517	10.751	67,68	32,32	0,00	0,00	0,00

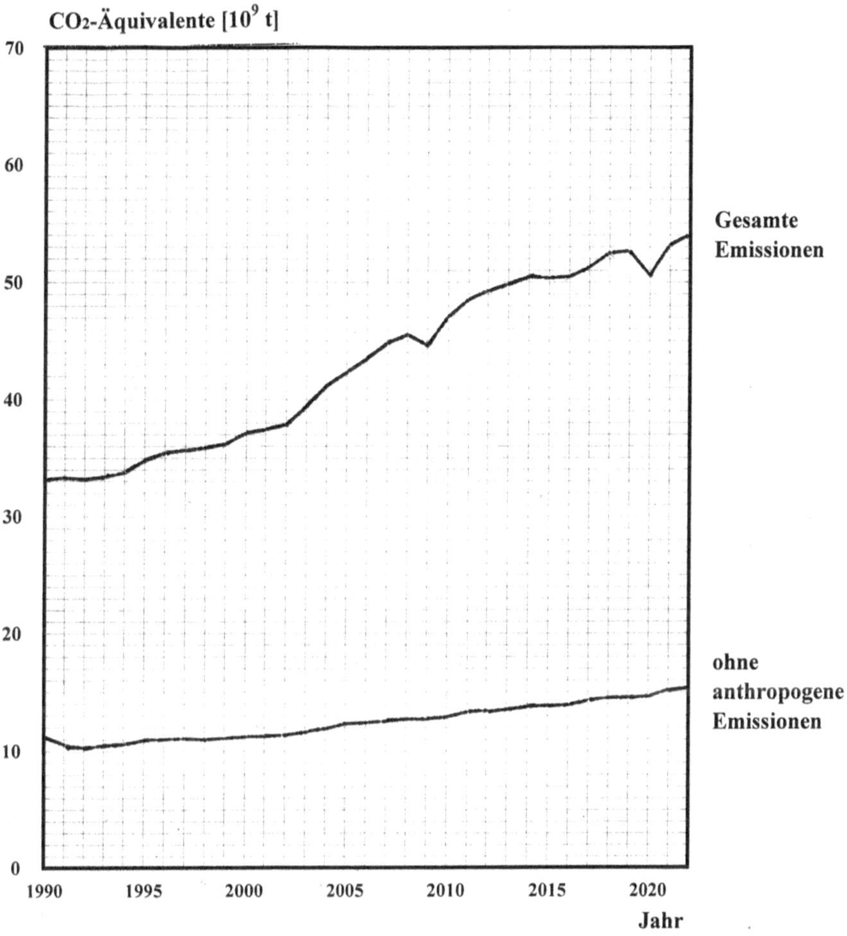

Abb. 8.1 Treibhausgasemissionen – Welt. (Daten: EDGAR [4])

Bewirtschaftung oder Bodenversiegelung natürliche CO_2-Senken eliminiert werden. Durch das Verschwinden von Speichern und Senken funktioniert der natürliche CO_2-Ausgleich nicht mehr. Wie in Abb. 8.2 ersichtlich, hat sich der anthropogene Mengenanteil, bezogen auf das Basisjahr 1990, im Vergleich zum gesamten Treibhausgasanfall am stärksten prozentual verändert. Wie die anthropogenen Treibhausgasemission kontinuierlich mit der wachsenden Weltbevölkerung anstieg, ist aus Abb. 8.3 zu erkennen. Die Einbrüche als Folge der Weltwirtschaftskrise 2009 und der Corona-Pandemie 2020 zeigen, wie sehr die Freisetzung von Treibhaugasen mit den menschlichen Lebensgewohnheiten zusammenhängt.

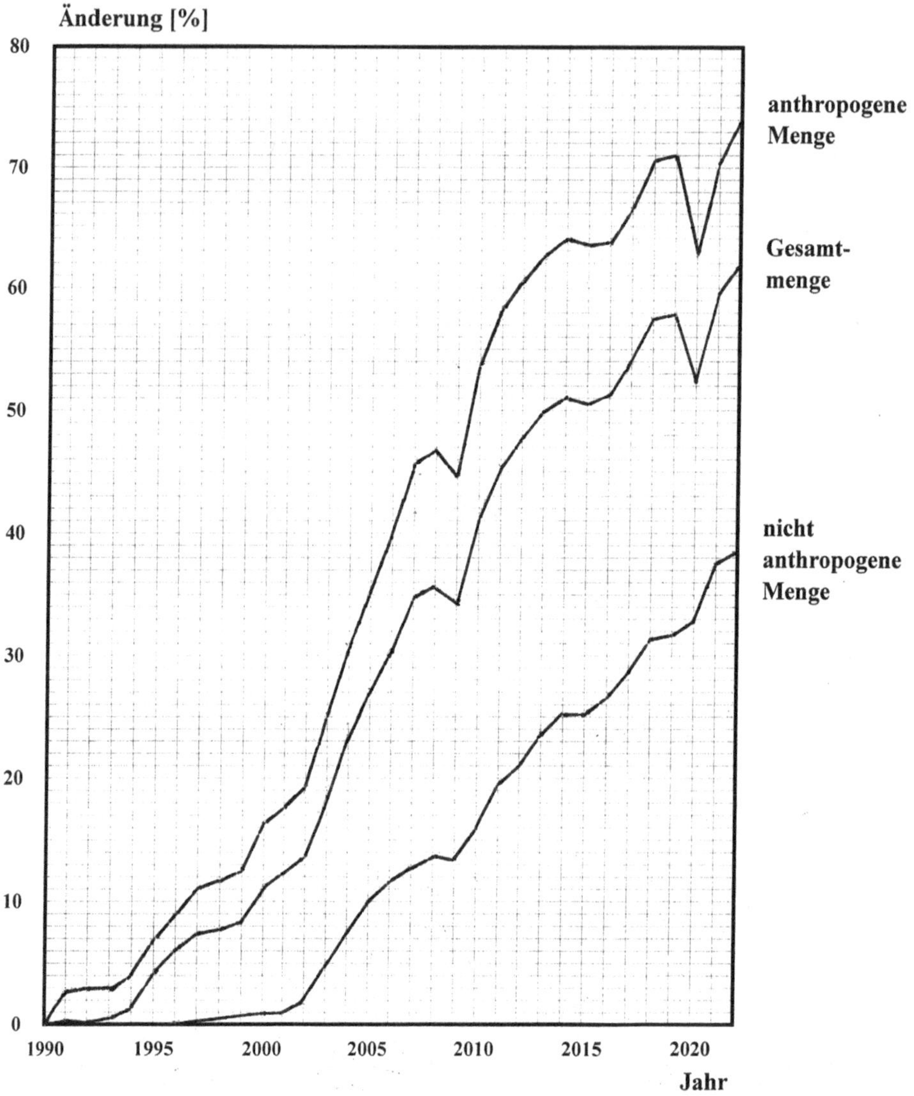

Abb. 8.2 Prozentuale Veränderung der Treibhausgasemissionen – Welt. (Daten: EDGAR [4])

Die Problematik einer globalen Reduktion der Emissionen von Treibhausgasen, zeigt sich aus Abb. 8.4. Dort sind die CO_2-Äquivalente des Hauptverursachers China aufgetragen und denjenigen der stärksten Industrieländer gegenüberstellt. Eine von China verursachte, stetig zunehmende atmosphärische Umweltbelastung, gleicht derjenigen, welche die mit aufgeführten Industrieländer insgesamt zu verantworten haben. Für die „übrigen Industrienationen“ zeigt sich eine eher abnehmende Tendenz. Betrachtet man den verursachten Ausstoß an Treibhausgasen, der nicht im Kyoto-Protokoll erfassten Schwellenländer (Tab. 8.3) zeigt sich nicht nur für China, sondern ebenso für andere sich industriell entwickelnde Län-

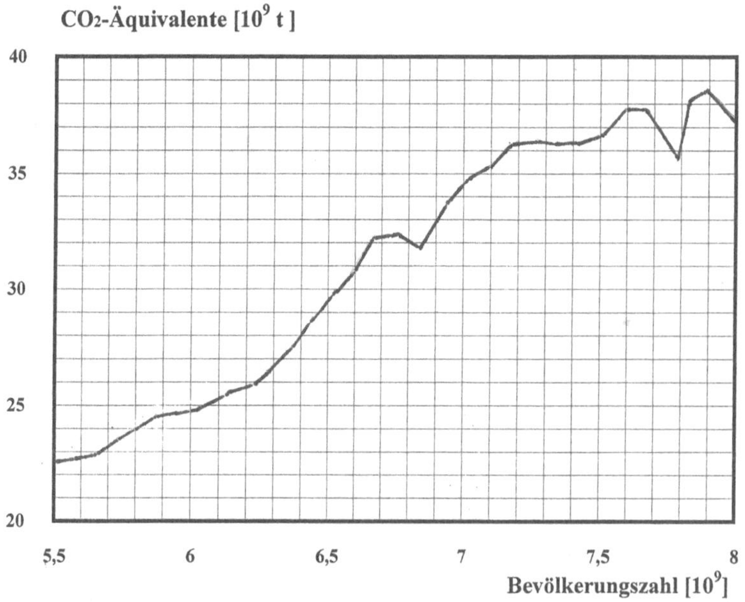

Abb. 8.3 CO_2-Äquivalente/Bevölkerungszahl. (Daten: EDGAR [4], UN [10])

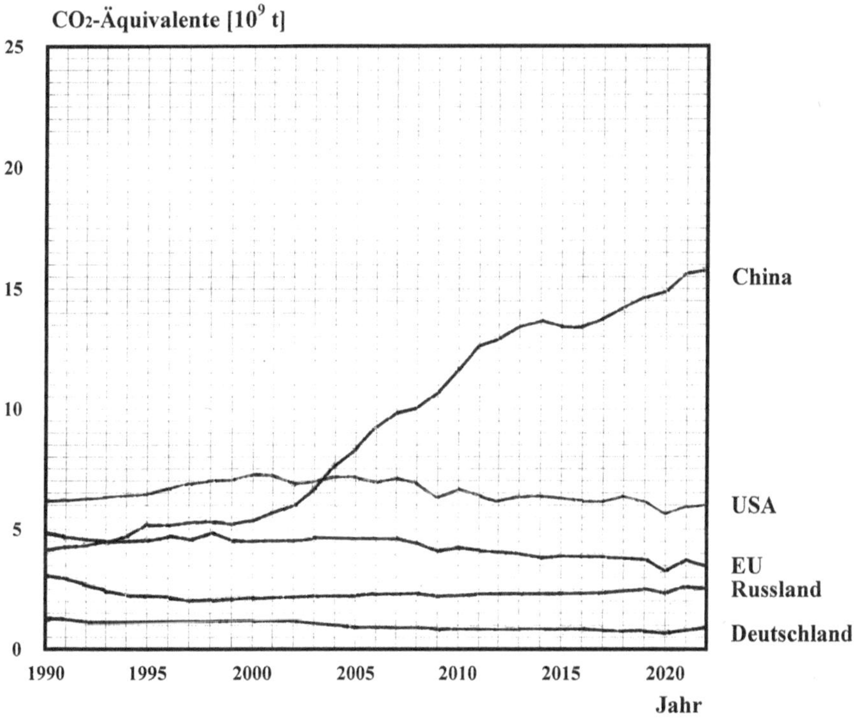

Abb. 8.4 Treibhausgasemissionen – China, USA, EU, Russland, Deutschland. (Daten: EDGAR [4])

Tab. 8.3 CO_2-Emissionen – Nicht-Annex-B-Staaten. (Daten: EDGAR [4])

	CO_2-Äquivalente				Veränderung, vergl. 1990		
	1990	2008	2012	2020	2008	2012	2020
Land	10^6 t				%		
Ägypten	91,4	202,0	232,9	228,2	221,0	254,8	249,7
Argentinien	99,5	176,6	185,8	164,0	177,5	186,7	164,8
Bangladesch	14,3	50,5	68,1	99,8	353,1	476,2	697,9
Brasilien	219,8	409,3	495,2	447,7	186,2	225,3	203,7
China	2.406,2	7.775,0	10.288,9	12.037,3	323,1	427,6	500,3
Indien	600,7	1.503,6	2.023,6	2.320,7	250,3	336,9	386,3
Indonesien	160,9	393,9	503,4	594,3	244,8	312,9	369,4
Iran	204,8	549,7	591,2	656,8	268,4	288,7	320,7
Irak	69,2	90,2	132,7	169,6	130,3	191,8	245,1
Kasachstan	248,5	253,1	256,3	222,7	101,9	103,1	89,6
Malaysia	56,5	213,0	216,3	252,1	377,0	382,8	446,2
Mexiko	290,0	471,8	505,7	422,6	162,7	174,4	145,7
Philippinen	43,6	78,6	90,1	136,7	180,3	206,7	313,5
Saudi-Arabien	173,6	420,0	538,9	571,3	241,9	310,4	329,1
Südafrila	313,4	485,4	459,2	419,9	154,9	146,5	134,0
Südkorea	272,1	549,2	631,6	615,3	201,8	232,1	226,1
Gesamt	5.264,5	13.621,9	17.219,9	19.130,8	258,8	327,1	363,4

der eine deutliche Zunahme, (Tab. 8.4). So hat sich in Indien die anthropogene Freisetzung von CO_2 von 1990 bis 2023 auf etwa $3.000 \cdot 10^6$ t fast vervierfacht. Der Iran liegt 2023 mit fast $800 \cdot 10^6$ t inzwischen an siebter Stelle. Ähnliches gilt für Indonesien, das mit $675 \cdot 10^6$ t aktuell den achten Platz einnimmt. In den Vereinigten Staaten, die hinter China an zweiter Stelle unter den Emittenten stehen, blieb die emittierte CO_2-Menge mit derzeit $4.700 \cdot 10^6$ t in den letzten Jahrzehnten praktisch unverändert – sieht man von einem durch die Corona-Pandemie bedingten Knick ab. Aufgrund des dynamischen Wirtschaftswachstums stieg der CO_2-Ausstoß auch in Vietnam, Mexiko und Brasilien. Vor allem, weil schon ein Drittel des weltweiten Ausstoßes auf China entfällt, beträgt der Anteil der sogenannten BRICS-Staaten an den globalen CO_2-Emissionen inzwischen knapp 50 %, [11]. Fast 70 % der anthropogenen Treibhausgasemissionen stammen von zehn Ländern (Tab. 3.6). Dagegen haben etwa die 100 Länder mit den geringsten anthropogenen Emissionen zusammen nur einen Anteil von weniger als 3 %. Fast drei Viertel der weltweiten Emissionen sind Folgen der Strom- und Wärmeerzeugung, gefolgt von Verkehr und Industrie sowie Landnutzung, Landnutzungsänderungen und Forstwirtschaft, [12].

Tab. 8.4 Ländervergleich: Energetische CO_2-Effizienz. (Daten: Enerdata [11])

Rang		2023			1990			Veränderung 2023/1990		
		Energie	CO_2	Energie/CO_2	Energie	CO_2	Energie/CO_2	Energie	CO_2	Energie/CO_2
2023	Länder	TWh	10^6 t	kWh/kg	TWh	10^6 t	kWh/kg	%	%	%
1	China	47.218	13.260	3,56	8.629	2.414	3,57	447,20	449,30	– 0,38
2	USA	25.260	4.682	5,40	22.225	4.984	4,46	13,66	– 6,06	20,99
3	Indien	13.200	2.955	4,47	3.303	601	5,50	299,64	391,68	– 18,72
4	Russland	9.740	2.070	4,71	10.339	2.432	4,25	– 5,79	– 14,88	10,68
5	Japan	4.547	945	4,81	5.094	1.167	4,37	– 10,74	– 19,02	10,23
6	Brasilien	3.908	480	8,14	1.710	227	7,53	128,54	111,45	8,08
7	Iran	3.687	779	4,73	791	208	3,80	366,12	274,52	24,46
8	Indonesien	3.466	675	5,13	1.198	162	7,40	189,32	316,67	– 30,56
9	Kanada	3.454	575	6,01	2.466	440	5,60	40,06	30,68	7,18
10	Südkorea	3.364	574	5,86	1.058	272	3,89	217,96	111,03	50,67
11	Saudi-Arabien	3.245	623	5,21	744	174	4,28	336,16	258,05	21,82
12	Deutschland	2.861	583	4,91	4.082	1.013	4,03	– 29,91	– 42,45	21,78

Blickwinkel

In Hinblick auf die größten Emittenten und die Entwicklung in den Schwellenländern (Tab. 8.3) sind die Aussichten auf einen baldigen Rückgang der Treibhausgasemissionen äußerst gering und zum Beispiel in China frühestens ab 2030 zu erwarten. Selbst dieser Ausblick ist mit einer gewissen Skepsis zu betrachten, wenn man sich die Kapazitätsentwicklung der etwa 2420 weltweit in Betrieb befindlichen Kohlenkraftwerke vor Augen führt, (Abb. 10.1), wovon die Hälfte in China steht, [13]. Es ist offensichtlich, dass sich das Ziel, die Erderwärmung zu begrenzen, nur dann erreichen lässt, wenn viele Länder bereit sind ihre Klimaschutzbemühungen erheblich zu steigern. Außerdem verlangt dies eine verstärkte Kooperation zwischen den reichen und den armen Ländern sowie eine internationale Klimapolitik, die auf Kosteneffizienz ausgerichtet ist, [14]. Besonders China, das in der internationalen Klimapolitik eine immer größere Rolle spielt, muss als Industriestaat mit dem weitaus höchsten Treibhausgasausstoß in die Pflicht genommen werden und darf sich nicht mehr auf den, ihm laut Klimarahmenkonvention immer noch zugestandenen Status eines Entwicklungslandes zurückziehen.

Die Erkenntnis, dass der Anstieg der Erdtemperatur fast proportional zur Gesamtmenge der kumulierten CO_2-Emissionen verläuft, impliziert, dass man, um die Erderwärmung unter einem bestimmten Temperaturniveau zu halten, eine Höchstmenge an CO_2-Gesamtemissionen nicht überschreiten darf. Unter der Annahme, dass bei einem etwa linearen Verlauf, der Ausstoß von 1000 Gt CO_2 einem Temperaturanstieg von 0,45 °C gleich zu setzen ist und derzeit die Temperaturanomalie bei 1,31 °C liegt, dürfte bis zu einer 1,5-Grad-Grenze noch ein Restbudget (Remaining Carbon-Budget – RCB) von rund 420 Gt CO_2 emittiert werden. Mit dem gegenwärtigen globalen Treibhausgasausstoß (Tab. 8.2) würde dieses Budget schon in wenigen Jahren verbraucht sein [15]. Auch wenn es sich hierbei um eine vereinfachte Abschätzung handelt, zeigt diese, dass ohne eine drastische Absenkung das 1,5-Grad-Ziel keinesfalls zu realisieren ist, sondern mit einem Anstieg der durchschnittlichen Erdtemperatur auf mehr als 2 °C über dem vorindustriellen Niveau gerechnet werden muss. In einer Veröffentlichung der UN, [16], wird festgestellt, dass die Treibhausgasemissionen spätestens vor 2025 ihre Spitze erreichen dürften und dann bis 2030 um 43 % sinken müssten, da sonst gravierende Auswirkungen auf das Klima und durch den Klimawandel drohten. Auch der Exekutivsekretär der UN-Klimarahmenkonvention Simon Stiell erklärte, dass die aktuellen Klimapläne weit hinter dem zurückbleiben, was nötig wäre, um die globale Erwärmung zu stoppen, [17].

8.5 Energetische CO_2-Effizienz

Zur Minderung der anthropogenen Treibhausgasemissionen soll der Energiebedarf durch den Einsatz erneuerbarer Energie, an Stelle fossiler Energieträger, gedeckt werden. Inwieweit dies bisher gelungen ist, lässt sich über die sogenannte energetische CO_2-Effizienz, die in einem bestimmten Zeitabschnitt verbrauchte Energie mit der dabei emittierten CO_2-Menge ins Verhältnis setzt (Energetische CO_2-Effizienz = Energieverbrauch/ CO_2-Emission), nachprüfen. Dies ist vergleichbar mit der Kennzahl für Produktivität in der Ökonomie, also das Verhältnis zwischen Wertschöpfung und dem dafür benutzten Aufwand. Ein Anstieg der CO_2-Effizienz bedeutet, dass sich die Energielieferung zu Gunsten der erneuerbaren Energien verschoben hat. Wenn regenerative Energiequellen die fossilen vollkommen verdrängen, geht die emittierte CO_2-Menge gegen Null und die energetische CO_2-Effizienz wird unendlich. Physikalisch bedeutet die CO_2-Effizienz den Kehrwert der spezifischen CO_2-Emission, die bei der Verbrennung eines fossilen Energieträgers entsteht, (Tab. 8.1). Danach bewirken Hölzer und Braunkohle die niedrigste energetische CO_2-Effizienz.

In Tab. 8.4 sind die 12 Länder mit dem höchsten Primärenergieverbrauch gegenübergestellt, samt der emittierten CO_2-Mengen sowie der aus beiden als Quotient resultierenden energetischen CO_2-Effizienz für 2023 und für 1990. In der CO_2-Effizienz schneidet Brasilien am besten ab, China rutscht an das Ende – was besonders schwer wiegt, weil es mit weitem Abstand am meisten Energie verbraucht. Für Schwellenländer wie Indien und Indonesien hat die fortschreitende Industrialisierung die Bilanz verschlechtert, bei Industriestaaten wie den USA und Deutschland sind hingegen Fortschritte erkennbar. Die Entwicklung des Energieverbrauchs und der zugehörigen CO_2-Emission über die Jahre ab 1990 zeigt Tab. 8.5 für spezielle Länder und die Welt gesamt. In der weltweiten Betrachtung nehmen beide synchron zu, sodass sich die globale energetische CO_2-Effizienz kaum verändert. Die synchrone Entwicklung gilt auch für China, wo die CO_2-Effizienz zudem noch deutlich geringer ist. In USA nimmt der Energieverbrauch zu, die dabei freigesetzte CO_2-Menge aber ab, für Russland zeigt sich eine positive Entwicklung. Das Ziel, die fossilen Brennstoffe durch erneuerbare Energien zu ersetzen, scheint sich besonders gut in der EU zu realisieren, wobei die höhere CO_2-Effizienz, nebst dem Ausbau der erneuerbaren Energien, durch einen hohen Anteil an Kernenergie (Frankreich) zu erklären ist. In Deutschland nahmen Energieverbrauch und CO_2-Emission im Verlauf der letzten Jahrzehnte kontinuierlich ab, die bis jetzt erreichte energetische CO_2-Effizienz spiegelt aber kaum den enormen Investitionsaufwand wider, der für die Installation von Windkraft- und Solaranlagen betrieben wurde, [18]. In der globalen Energieversorgung des Jahres 2022 betrug der Anteil an regenerativen Energiequellen etwa 14,5 %. Davon waren 9 % Biogas und Biomasse, 2,5 % Wasserkraft und – zum Vergleich – nur 3 % trugen die erneuerbaren Energien Windkraft und Photovoltaik bei, [19].

Tab. 8.5 Energierelevante Daten – Welt und ausgewählte Länder. (Daten: EDGAR [4])

	Welt			China			USA			EU			Russland			Deutschland		
	Energie	CO_2	Energie/ CO_2	Energie	CO_2	Energie/ CO_2	Energie	CO_2	Energie/ CO_2	Energie	CO_2	Energie/ CO_2	Energie	CO_2	Energie/ CO_2	Energie	CO_2	Energie/ CO_2
Jahr	TWh	10^6 t	kWh/kg	TWh	10^6 t	kWh/kg	TWh	10^6 t	kWh/kg	TWh	10^6 t	kWh/kg	TWh	10^6 t	kWh/kg	TWh	10^6 t	kWh/kg
2023	174.892	39.063	4,48	47.218	13.260	3,56	25.260	4.682	5,40	15.662	2.512	6,23	9.740	2.070	4,71	2.861	583	4,91
2022	171.531	38.522	4,45	44.299	12.667	3,50	25.249	4.854	5,20	16.071	2.805	5,73	9.723	1.909	5,09	3.152	674	4,68
2021	165.832	38.082	4,35	43.252	12.718	3,40	24.993	4.789	5,22	16.726	3.021	5,54	9.699	1.933	5,02	3.361	679	4,95
2020	157.819	35.945	4,39	40.705	12.037	3,38	23.818	4.467	5,33	15.865	2.634	6,02	8.827	1.789	4,93	3.245	637	5,09
2019	162.529	37.825	4,30	39.495	11.819	3,34	25.830	4.967	5,20	17.157	2.904	5,91	8.874	1.877	4,73	3.445	694	4,97
2018	161.297	37.832	4,26	37.832	11.554	3,27	25.830	5.118	5,05	17.443	3.048	5,72	9.327	1.807	5,16	3.536	745	4,75
2017	157.691	36.890	4,27	36.204	11.026	3,28	25.086	4.960	5,06	17.496	3.113	5,62	8.618	1.731	4,98	3.617	769	4,70
2016	154.981	36.256	4,27	34.948	10.786	3,24	25.179	5.029	5,01	17.226	3.085	5,58	8.327	1.700	4,90	3.605	784	4,60
2015	154.155	36.159	4,26	35.285	10.769	3,28	25.458	5.134	4,96	17.218	3.077	5,60	8.141	1.727	4,71	3.594	780	4,61
2014	153.876	36.290	4,24	35.553	10.910	3,26	25.772	5.244	4,91	16.818	3.017	5,57	8.304	1.721	4,83	3.582	773	4,63
2013	151.934	36.167	4,20	35.634	10.783	3,30	25.470	5.225	4,87	17.429	3.159	5,52	8.385	1.738	4,82	3.745	813	4,61
2012	149.993	35.380	4,24	34.878	10.289	3,39	24.888	5.088	4,89	17.576	3.241	5,42	8.571	1.794	4,78	3.663	796	4,60
2011	147.433	34.911	4,22	32.424	9.976	3,25	25.516	5.308	4,81	17.754	3.306	5,37	8.339	1.807	4,62	3.640	783	4,65
2010	145.188	33.848	4,29	29.808	9.125	3,27	25.760	5.522	4,66	18.301	3.400	5,38	8.083	1.720	4,70	3.838	809	4,74
2009	137.712	31.898	4,32	26.772	8.340	3,21	25.156	5.274	4,77	17.588	3.294	5,34	7.583	1.643	4,62	3.640	764	4,76
2008	138.711	32.307	4,29	24.772	7.775	3,19	26.447	5.690	4,65	18.701	3.565	5,25	8.083	1.745	4,63	3.896	824	4,73
2007	137.049	32.113	4,27	23.481	7.548	3,11	27.121	5.873	4,62	18.774	3.650	5,14	7.874	1.759	4,48	3.850	818	4,71
2006	133.514	30.944	4,31	21.806	6.944	3,14	26.668	5.790	4,61	19.007	3.688	5,15	7.850	1.755	4,47	4.059	849	4,78
2005	129.721	29.925	4,33	19.829	6.258	3,17	26.935	5.889	4,57	18.863	3.673	5,14	7.618	1.719	4,43	3.943	835	4,72
2004	126.360	28.847	4,38	17.794	5.515	3,23	26.784	5.880	4,55	18.857	3.694	5,11	7.571	1.719	4,40	3.943	855	4,61
2003	121.638	27.562	4,41	15.421	4.785	3,22	26.284	5.793	4,54	18.593	3.688	5,04	7.536	1.719	4,38	3.943	870	4,53
2002	116.834	26.344	4,43	13.258	4.144	3,20	26.168	5.727	4,57	18.235	3.594	5,07	7.292	1.657	4,40	3.943	868	4,55

2001	114.440	25.939	4,41	11.804	3.838	3,08	25.807	5.878	4,39	18.360	3.605	5,09	7.315	1.667	4,39	4.036	883	4,57
2000	113.309	25.621	4,42	11.583	3.660	3,16	26.365	5.929	4,45	18.001	3.549	5,07	7.234	1.659	4,36	3.919	867	4,52
1999	110.753	24.822	4,46	11.281	3.441	3,28	25.656	5.762	4,45	17.868	3.534	5,06	7.118	1.623	4,39	3.896	869	4,48
1998	108.519	24.643	4,40	10.886	3.515	3,10	25.005	5.745	4,35	17.949	3.597	4,99	6.920	1.578	4,39	3.989	903	4,42
1997	108.032	24.484	4,41	11.456	3.431	3,34	24.830	5.700	4,36	17.765	3.605	4,93	7.083	1.573	4,50	4.012	904	4,44
1996	107.578	24.015	4,48	11.560	3.335	3,47	24.585	5.427	4,53	17.835	3.671	4,86	7.408	1.884	3,93	4.047	935	4,33
1995	104.426	23.558	4,43	11.060	3.361	3,29	24.004	5.272	4,55	18.418	3.571	5,16	7.466	1.725	4,33	3.919	906	4,33
1994	101.855	22.892	4,45	10.327	3.040	3,40	23.714	5.218	4,54	16.779	3.517	4,77	7.711	1.767	4,36	3.873	910	4,25
1993	101.147	22.672	4,46	9.816	2.883	3,41	23.248	5.136	4,53	16.951	3.529	4,80	8.839	1.961	4,51	3.896	925	4,21
1992	100.089	22.524	4,44	9.281	2.622	3,54	22.865	5.018	4,56	17.082	3.595	4,75	9.362	2.145	4,37	3.931	934	4,21
1991	100.182	22.655	4,42	8.955	2.542	3,52	22.434	4.936	4,55	17.415	3.740	4,66	10.234	2.329	4,39	3.889	987	3,94
1990	99.170	22.517	4,40	8.629	2.414	3,57	22.225	4.984	4,46	17.493	3.793	4,61	10.339	2.432	4,25	4.082	1.013	4,03

Literatur

1. IPCC: Die Task Force für nationale Treibhausgasinventare
2. IPCC – Deutsche Koordinierungsstelle: 2019-Ergänzungen der IPCC- Richtlinien zur nationalen Treibhausgas-Berichterstattung von 2006
3. IPCC: Emission Factor Database
4. European Commission: The Emissions Database for Global Atmospheric Research (EDGAR), GHG Emissions of all World Countries
5. UBA- Umweltbundesamt: Berichterstattung unter der Klimarahmenkonvention der Vereinten Nationen und dem Kyoto Protokoll 2023
6. IEA – International Energy Agency: Estimated Methane Emissions
7. UBA- Umweltbundesamt: Unterschätztes Treibhausgas Methan, Quellen, Wirkungen, Minderungsoptionen
8. NOAA – Earth System Research Laboraty: Trends in Atmospheric: Methane
9. UNEP – UN Environment Programme: Emissions Gap Report 2024
10. UN – Department of Economic and Social Affairs: World Population Prospects 2019
11. Enerdata: Globales Energie- und Klimastatistik-Jahrbuch 2024
12. Climate Watch: Historical GHG Emissions
13. Global Energy Monitor: Global Coal Plant Tracker
14. J. Weimann: ETS – Ein Weg zum globalen CO_2-Preis? Friedrich Naumann Stiftung
15. P. M. Forster et al.: Indicators of Global Climate Change 2023, Earth System Science Data
16. United Nations Climate Change: Das Pariser Abkommen
17. evangelisch.de: UN-Klimaanstrengungen fallen weit hinter Pariser Ziele zurück
18. WDDB – Wissenschaftlicher Dienst des Deutschen Bundestags: Zur Berechnung der Investitionskosten für die Energiewende
19. bpb – Bundeszentrale für politische Bildung: Primärenergie-Versorgung

9 Prognosen und Szenarien

9.1 Vorlagengeber für Prognosen

In Bezug auf das Ziel aus dem Übereinkommen von Paris, den Anstieg der Erdtemperatur auf einen festen Wert zu fixieren, gibt es eine Vielzahl von Prognosen und Szenarien zur Entwicklung des globalen Energiebedarfs und dafür geeigneter Energiequellen. Neben einer Steigerung der Energieeffizienz spielen die Transformation zu einer auf erneuerbaren Energien basierenden Energiewirtschaft und damit verbundenen Reduzierung der anthropogenen Treibhausgasemissionen eine besondere Rolle. Einflüsse, wie die Entwicklung der Weltbevölkerung oder der Mobilität, werden berücksichtigt. Ebenso mit einbezogen sind wirtschaftliche Interessen und die indikative Verknüpfung zwischen Minderungsoptionen und den Zielen einer nachhaltigen Entwicklung (Sustainable Development Goals – SGDs), wie dies im IPCC-Sonderbericht SR1.5 enthalten ist. In diesem Sonderbericht werden der aktuelle Stand des Weltklimas und Modellierungen zu dessen zukünftiger Entwicklung beschrieben, [1].

Der **World Energy Outlook (WEO)** der International Energy Agency (IEA) ist eine maßgebliche Quelle für globale Energieprognosen, 1977 erstmalig und seit 1998 jährlich veröffentlicht. Auf der Basis umfangreicher Statistiken und Analysen sind mit reichlich Zahlenmaterial der aktuelle Stand und die Entwicklungsaspekte für die globalen Energiesysteme beschrieben. Die zu erwartenden Veränderungen werden auf globaler und auf nationalen Ebenen in zeitlicher Abhängigkeit und auf Sektoren bezogen behandelt, ebenso die Auswirkungen der Energietrends auf Investitionen und Handelsströme. Eine besondere Bedeutung wird der zukünftigen Energiesicherheit zugemessen. Zudem wird festgestellt, dass es einer wirksameren nationalen Klimapolitik und gesteigerter internationaler

K. H. Lillich, *Internationale Klimarahmenkonventionen und nationale Klimaschutzprogramme*, https://doi.org/10.1007/978-3-658-50029-0_9

Finanzierungsbereitschaft bedürfe, um die gesetzten Klimaziele zu realisieren. Positiv wird vermerkt, dass die Aufwendungen für Technologien und zugehöriger Infrastruktur zum Einsatz erneuerbarer Energien im Jahr 2023 um das 1,8-fache über denjenigen für fossile Brennstoffe lagen, während das Verhältnis fünf Jahre vorher noch 1:1 betrug.

Der Ausblick auf die Energieentwicklung umfasst drei Szenarien, welche die Auswirkungen verschiedener politischer Entscheidungen, Investitionen und Technologietrends abbilden sollen. Ausgehend von 2023 wird in allen drei Szenarien gleichermaßen angenommen, dass die Weltwirtschaft bis 2050 um durchschnittlich 2,7 % jährlich wächst und die Weltbevölkerung bis dahin auf 9,7 Mrd. Menschen zunimmt.

- Das Stated Policies Scenario (STEPS) basiert auf aktuellen politischen Rahmenbedingungen und Verhaltungsweisen der Industrie in Bezug auf Energiebedarf und CO_2-Emissionen.
- Im Announced Pledges Scenario (APS) wird angenommen, dass im Einklang mit dem Pariser Abkommen eine vollständige und rechtzeitige Umsetzung der nationalen Energie- und Emissionsziele stattfindet.
- Das Scenario Netto-Null-Emissionen bis 2050 (Net-Zero-Emissions by 2050-NZE) zeigt einen Pfad für die Minderung der Treibhausgasemissionen auf, der einzuhalten wäre, um das 1,5-Grad-Ziel zu erreichen, [2].

Enerdata, eine auf Analysen und Prognosen zu Energie- und Klimafragen spezialisierte Forschungsgesellschaft, liefert mit einer ähnlichen Methodik ebenfalls drei verschiedene Szenarien zu Ausblicken auf zukünftig Energiedaten.

- Beim ersten Szenario (EnerBase) wird ein politisches Vorgehen entsprechend des traditionellen Handelns, ohne besondere Klimaziele zu Grunde gelegt. Es steigt der Energiebedarf, eine Minderung der Treibhausgasemissionen bleibt aus, mit der wahrscheinlichen Folge eines Temperaturanstiegs über 3 °C.
- Das zweite Szenario (EnerBlue) basiert auf einer Einhaltung der nationalen Klimabeiträge (NDCs) und anderen nationalen Minderungszusagen bis und nach 2030. Für die Schwellenländer wird ein nachhaltiges Anwachsen des Energiebedarfs unterstellt. Der dann noch zu erwartende Anstieg der Erdtemperatur wird auf 2 °C bis 2,5 °C geschätzt.
- Mit dem dritten Szenario (EnerGreen) werden die Auswirkungen untersucht, die bei einer Übererfüllung der NDCs und regelmäßigen Verbesserungen der Emissionsziele, bei gleichzeitiger Steigerung der Energieeffizienz und fortschreitendem Einsatz von erneuerbaren Energien zu erwarten wären. Damit soll, das Ziel des Pariser Abkommens, den Temperaturanstieg deutlich unter 2 °C zu begrenzen, zu realisieren sein, [3].

Auch der **Weltenergierat (World Energy Council-WEC)** benutzt für eigene Prognosen zur Transformation der weltweiten Energieversorgung bis 2060 drei alternative Pfade, die ähnlich strukturiert sind, wie bei IEA und Enerdata. Im ersten Ansatz stehen die nationalen Interessen im Vordergrund und der Nutzung heimischer Energiequellen wird eine besondere Bedeutung beigemessen; der zweite ist durch eine politisch gesteuerte Umgestaltung der Energieversorgung und eine globale Zusammenarbeit beim Klimaschutz gekennzeichnet, im dritten Ansatz geht es um die Umsetzung innovativer Technologien und die Bedeutung marktwirtschaftlicher Lösungen für den Zugang zu einem kostengünstigen Energiemarkt. Dabei wird in der zukünftigen Entwicklung der globalen Energieversorgung unterschieden zwischen

- exploratorischen Szenarien, mit denen die unter den gesetzten Rahmenbedingungen zu erwarteten Entwicklungen aufgezeigt werden und
- normativen Szenarien, mit denen dargelegt wird, wie gehandelt werden müsste, um gesetzte Klimaziele zu erreichen.

Die eigenen Erkenntnisse aus den Szenarien und Prognosen werden denjenigen von internationalen Energieagenturen, Beratungsunternehmen und Energiekonzernen gegenübergestellt, [4, 5].

In allen Zukunftsprognosen geht es darum, Wege zu einer ökologisch und ökonomisch, nachhaltig gesicherten Energieversorgung mit einer Transformation zu erneuerbaren Energien aufzuzeigen, womit eine Mitigation des Klimawandels und eine Adaption an dessen Folgen gelingen könnte.

9.2 Energie

Aus den drei Szenarien des WEO ergeben sich bis 2050 zu erwartetende Verläufe für Energievorhaltung und -verbrauch sowie die aus den Szenarien resultierenden CO_2-Emissionen. Diese Daten sind in Tab. 9.1 angegeben. Das Verhältnis des Energieverbrauchs zum Energiebedarf bestimmen den Nutzungsgrad, bei dem sich im Lauf der Jahre kaum eine Verbesserung ergibt. Wie aus der zunehmenden energetischen CO_2-Effizienz zu erkennen ist, liegt den Szenarien zugrunde, dass fossile Brennstoffe, wenn nicht durch Kernenergie, immer mehr durch erneuerbare Energien ersetzt werden. Die CO_2-Emissionen nehmen entsprechend ab, aber nur im NZE-Szenario wird 2050 die angestrebte Klimaneutralität erreicht, bei der anthropogene Treibhausgase die Atmosphäre nicht mehr belasten.

Es gibt eine Gegenüberstellung der Szenarien und Projektionen, die von verschiedenen Institutionen zur Entwicklung der globalen Energieversorgung bis zu den Schlüsseljahren 2040, 2050 und 2060 erarbeitet wurden. Deren vergleichende Bewertung zeigt, trotz bestehender Differenzen in Methodik und Ansätzen, gute Übereinstimmung. Hinsichtlich

Tab. 9.1 WEO-Prognosen. (Daten: IEA [2])

Jahr			2023	2030	2035	2040	2050
Energiebedarf	10^3 TWh	STEPS	178,3	187,8	189,5	192,0	200,6
		APS		178,1	173,3	172,2	176,4
		NZE		163,3	151,1	146,7	156,7
Energieverbrauch	10^3 TWh	STEPS	123,6	134,7	138,6	141,4	148,1
		APS		127,0	125,0	122,5	120,6
		NZE		115,3	106,1	100,3	95,6
CO_2-Emissionen	10^6 t	STEPS	37.723	36.170	33.285	31.185	28.636
		APS		32.056	24.678	18.820	11.711
		NZE		25.112	13.485	6.221	0
Nutzungsgrad	%	STEPS	69,3	71,7	73,1	73,6	73,8
		APS		71,3	72,1	71,1	68,4
		NZE		70,6	70,2	68,4	61,0
CO_2-Effizienz	kWh/kg	STEPS	4,72	5,19	5,69	6,16	7,01
		APS		5,56	7,02	9,15	15,06
		NZE		6,50	11,21	23,58	∞

der Energiequellen zeichnet sich durchweg ein zukünftig erwarteter Umstieg von fossilen Brennstoffen auf Technologien ab, die mit erneuerbaren Energien betrieben werden, [4, 5].

9.3 Temperaturen

Das Ziel, den Anstieg der Erdtemperatur auf höchstens 2 °C zu begrenzen, wurde mit einem zur COP 24 in Kattowitz 2018 vorgelegten IPCC-Sonderbericht (SR1.5), [1] untermauert. In diesem werden in illustrativen Modellpfaden, die Entwicklung der CO_2-Emissionen und die sich daraus ergebenden Folgen für die globale Erwärmung aufgezeigt. Im Synthesebericht des IPCC (AR6 – 2023), [6] werden sozioökonomische Pfade (Shared Socioeconomic Pathway-SSP) definiert, und verschiedenen THG-Emissionsgraden innerhalb bestimmter Zeitperioden wird ein zu erwartender Anstieg der Erdtemperatur zugeordnet, (Tab. 9.2). Dem Bericht zu Folge erhöht sich selbst bei einer starken Reduzierung der CO_2-Emmisionen (SSP1-1.9) die globale Temperatur zeitweise über 1,5 °C und dieser angestrebte Grenzwert ist nur einzuhalten, wenn die Atmosphäre nicht mit weiteren Treibhausgasen belastet wird. Über die Wahrscheinlichkeit der verschiedenen Szenarien gibt es unterschiedliche Aussagen. Dabei wird nicht ausgeschlossen, dass der Grenzwert von 1,5 °C schon vor 2040 erreicht werden könnte, [7]

Tab. 9.2 Sozioökonomische Pfade für Erhöhung der Erdtemperatur. (Daten: Wikipedia [7])

SSP	Szenario	Geschätze Erwärmung (2041-2060)	Geschätze Erwärmung (2081-2100)	sehr wahrscheinlicher Bereich (2081-2100)
1-1.9	sehr geringe THG-Emissionen, Reduzierung der CO_2-Emissionen auf netto Null um 2050	1,6 °C	1,4 °C	1,0 °C - 1,8 °C
1-2.6	geringe THG-Emissionen, Reduzierung der CO_2-Emissionen auf netto Null um 2075	1,7 °C	1,8 °C	1,3 °C - 2,4 °C
2-4.5	mittlere THG-Emissionen, CO_2-Emissionen auf aktuellen Niveau bis 2050, dann sinkend, aber ohne netto Null bis 2100	2,0 °C	2,7 °C	2,1 °C - 3,5 °C
3-7.0	hohe THG-Emissionen, CO_2-Emissionen verdoppeln sich bis 2100	2,1 °C	3,6 °C	2,8 °C - 4,6 °C
5-8.5	sehr hohe THG-Emissionen, CO_2-Emissionen verdreifachen sich bis 2075	2,4 °C	4,4 °C	3,3 °C - 5,7 °C

Im WEO, [2], ist der aus den drei Szenarien bis 2100 jeweils zu erwartende Verlauf der globalen Durchschnittstemperatur grafisch dargestellt, unter Einschluss natürlicher Klimaschwankungen. Danach beträgt der Anstieg für STEPS 2,4 °C, für APS sind es 1,7 °C und nur beim NZE-Szenario läge er, nach einer Spitze von 1,6 °C, knapp unter 1,5 °C. Gleichzeitig wird im Report darauf hingewiesen, dass in Folge der Unsicherheiten bei der Abschätzung der emittierten anthropogenen Treibhausgasmengen, die Temperaturanstiege auch höher ausfallen könnten und der Korridor zur Begrenzung des globalen Temperaturanstiegs auf 1,5 °C äußerst schmal bleibt, [2, 8]. In Abb. 9.1 sind die zeitlichen Verläufe der weltweiten CO_2-Emissionen, aus den Szenarien des Weltenergierats, prognostiziert bis 2060, eingetragen und diesen die, jeweils zu erwartenden Anstiege der Erdtemperatur zugeordnet. Danach zeichnet sich ab, dass nach den aufgestellten Prognosen und in Gang gesetzten Szenarien das ambitionierte Ziel 1,5-Grad-Ziel verfehlt wird, [4, 5].

Nach den Aufzeichnungen des Klimadienstes Copernicus (Europe´s eyes on earth) wurden – nach einem schon außergewöhnlich warmen Jahr 2023 für 2024 globale Durchschnittstemperaturen erreicht, die zwischen 1,46 °C und 1,62 °C über dem vorindustriellen Niveau lagen und damit das Maximum von 1,5 °C überschritten, [9]. Im Pa-

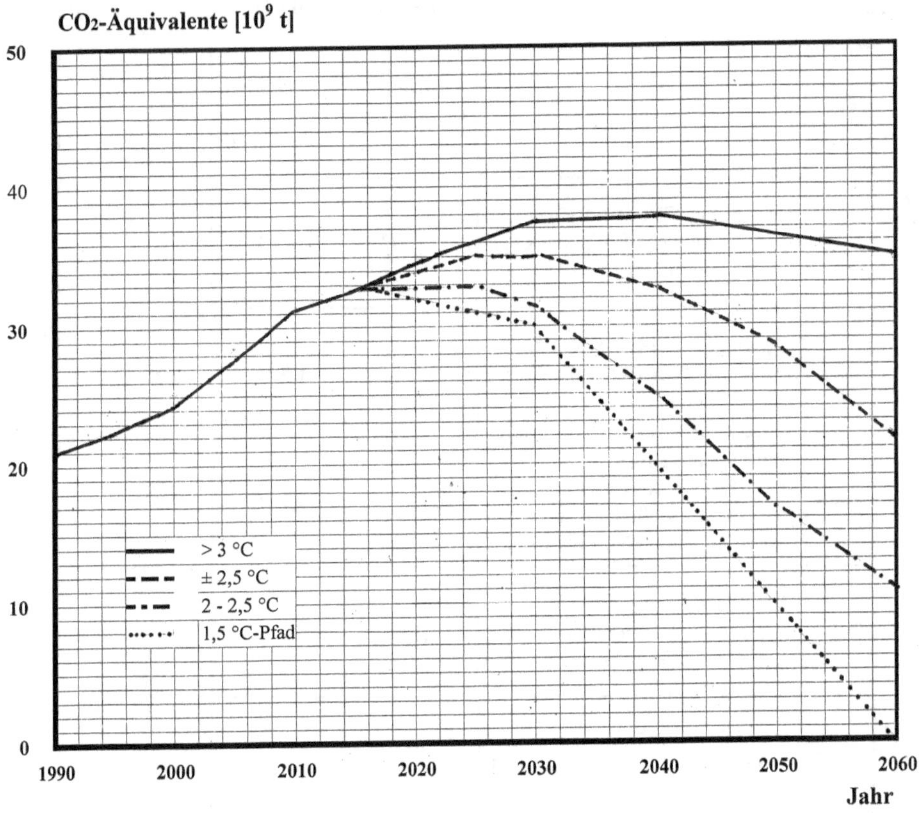

Abb. 9.1 CO_2-Emissionsentwicklung gemäß WEC-Szenarien. (Daten: WEC [4])

riser Abkommen ist nicht spezifiziert, ab welchem Zeitpunkt dieser Grenzwert eingehalten werden soll und was „deutlich unter 2 °C" bedeutet. Es gilt aber als allgemein vereinbart, dass über mehrere Jahrzehnte gemittelte Temperaturen notwendig sind, um zur Überschreitung eines bestimmten Schwellenwerts eine sichere Aussage machen zu können. Wenn also die Temperaturanamolie nur in einzelnen Jahren über 1,5 °C liegt, bedeutet das noch nicht, dass diese Obergrenze für immer überschritten wurde. Da die aktuelle Erderwärmungsrate pro Jahrzehnt mehr als 0,2 °C beträgt, ist es jedoch sehr wahrscheinlich, dass dies innerhalb der 2030iger Jahre der Fall sein könnte, [9]. Dies lässt sich auch mit dem kontinuierlichen Anstieg der Treibhausgaskonzentration in der Atmosphäre begründen, (Abb. 1.4). Klimamodellen zur Folge, die sich auf verfeinerte Messdaten und KI-Analysen stützen, schreitet die Erderwärmung schnell voran und für Europa wird bereits bis 2060 eine Temperaturanomalie von mindestens 3 °C für möglich gehalten. Das Ziel, die Erderwärmung auf 1,5 °C zu begrenzen, wird als praktisch unerreichbar angesehen und sogar die Obergrenze von 2 °C in Frage gestellt, selbst wenn bis 2050 eine Absenkung der Treibhausgasemissionen auf Klimaneutralität gelänge, [10].

Bezieht man die globale Temperaturerhöhung auf einen vorindustriellen Basiswert, und legt für die Bewertung der Erderwärmung einen 20-Jahre-Durchschnittswert zu Grunde, könnte folgende Hypothese formuliert werden, die auf der Analyse des Verlaufs vorausgegangener Temperaturabweichungen beruht: die im Jahr 2024 erstmalig über 1,5 °C liegende Temperaturanomalie markiert den Beginn einer solchen 20-Jahresperiode. Die Wahrscheinlichkeit, dieser durch Klimamodelle bestätigten Prognose, lässt sich mit den Szenarien des gemeinsamen sozioökonomischen Pfads, (Tab. 9.2), in Bezug bringen, [11].

In Hinblick darauf, dass die weltweite Reduzierung der Treibhausgase nicht genügt, um die mit dem Pariser Abkommen verlangte Temperaturbegrenzung zu realisieren, gibt es Überlegungen zur systematischen Erforschung von sogenannten Überschreitungspfaden, [4, 7, 12]. Damit soll die Möglichkeit geklärt werden, eine vorübergehende Überschreitung des festgeschriebenen Zielwerts aus dem Abkommen von Paris mit einer Temperaturabsenkung wieder zu beheben. Das soll beispielsweise mit Hilfe der Abscheidung und Speicherung (Carbon Capture and Storage – CCS) von CO_2 und dessen technischer Entnahme aus der Atmosphäre (Carbon Dioxide Removal – CDR) gelingen, [13].

Literatur

1. IPCC: Sonderbericht über 1,5 °C globale Erderwärmung (Global Warming 1,5 °C – SR1.5)
2. IEA – International Energy Agency: World Energy Outlook (WEO 2024)
3. Enerdata: Globale Energieprognosen: EnerFuture, Globale und länderebenerspezifische Energieprognosen bis 2050
4. WEC – World Energy Council, Weltklimarat Deutschland: Globale Szenarien und Prognosen zur Energieversorgung im Vergleich
5. H.-W. Schiffer: Szenarien und Projektionen zur weltweiten Energieversorgung im Vergleich, Energiewirtschaft, 44, S. 223–243
6. IPCC: Climate Chance 2023, Synthesis Report(AR6)
7. Wikipedia: IPCC Sixth Assessment Report
8. IEA – International Energy Agency: World Energy Outlook (WEO 2023)
9. Copernicus Climate Change Service: Global Highlights 2024
10. Der Spiegel – Wissenschaft: KI-Prognosen sagen schnellere Erderwärmung voraus
11. E. Bevacqua et al.: Ein Jahr über 1,5 °C bedeutet, dass die Erde sich höchstwahr- scheinlich innerhalb des 20-Jahreszeitraums befindet, in dem die Grenze des Pariser Abkommens erreicht wird, Nat.Cli.Change (2025)
12. wiki – Bildungsserver: Langfristige Klimaprojektionen
13. UBA – Umweltbundesamt: Carbon Capture and Storage

Fazit

10

Mit den Klimakonventionen wurde das Ziel formuliert, den Anstieg der globalen Erdtemperatur zu begrenzen und mit der Forderung verbunden, im Laufe dieses Jahrhunderts Klimaneutralität zu erreichen. Über die Einhaltung maximal noch zulässiger, wesentlich vom Energiebedarf abhängiger anthropogenen Emissionen von Treibhausgasen wurden mannigfaltige Szenarien entwickelt und Prognosen erstellt. Eine fortschreitende Digitalisierung ermöglicht immer präzisere Aussagen. Neben den umfangreichen, vom IPCC veröffentlichen Berichten gibt es noch zahlreiche umfassende wissenschaftliche, ökologisch und ökonomisch orientierte Publikationen zum Klimawandel – mit teilweise ideologisch bedingten, unterschiedlichen Interpretationen in Bezug auf die Erreichbarkeit der mit der Klimarahmenkonvention (UNFCCC) in Gang gesetzten und im Pariser Abkommen festgeschrieben Klimaziele. Offenbar bildeten sich zwei Fronten heraus. Auf der einen Seite ist es das politische Establishment, das unverdrossen erklärt, dass bis 2050 eine Klimaneutralität – also keine weitere Belastung der Atmosphäre durch anthropogene Treibhausgase – und folgerichtig auch das 1,5-Grad-Ziel erreichbar sei. Diesem Optimismus stellen die Naturwissenschaftler reale Fakten gegenüber, wonach die maßgebenden Indikatoren anzeigen, dass sich ein Klimawandel nicht aufhalten lässt. Einerseits also das Credo der Politik, anderseits die Realität. Diese wird auch durch den stetigen Anstieg der Weltbevölkerung bestimmt. Mit dieser wächst, überprozentual, das globale Bruttoinlandprodukt (BIP). Auch der Primärenergiebedarf und, nahezu im gleichen Verhältnis, die CO_2-Emissionen nehmen im Vergleich zum Basisjahr 1990 ungebrochen zu, (Tab. 10.1).

Verbindliche Beschlüsse zum Ausstieg aus dem Einsatz fossiler Brennstoffe waren auf internationaler Ebene bisher nicht durchsetzbar. Diese scheiterten nicht nur an nationalen

K. H. Lillich, *Internationale Klimarahmenkonventionen und nationale Klimaschutzprogramme*, https://doi.org/10.1007/978-3-658-50029-0_10

Interessen, sondern auch daran, dass der wachsende globale Energiebedarf durch erneuerbare Energien nicht zu decken sein wird. Im Jahr 2023 wuchs die Leistung der weltweit in Betrieb befindlichen Kohlekraftwerke, deren Kapazität sich gegenüber 2015 – dem Jahr des Pariser Abkommens – um 13,5 % erhöht hat, um 72,2 GW. Zwei Drittel dieser installierten Leistung entfielen auf China. Ähnliches gilt für das Jahr 2024, in dem weitere 44,6 GW hinzukamen. Insgesamt liegt der Zubau neuer Kohlekraftwerke höher als deren Abbau, (Abb. 10.1). Aus Tab. 10.2 ist zu ersehen, dass selbst im günstigsten Fall der WEO-Szenarien, [4], der globale Energiebedarf 2050 nur zu etwa zwei Drittel durch erneuerbare Energien gedeckt werden kann und die fossilen Brennstoffe Erdgas, Erdöl und Kohle immer noch fast 30 % dazu beitragen müssen. Dabei wird hypothetisch davon ausgegangen, dass die emittierten Treibhausgase, vornehmlich CO_2, für die Umwelt schadlos gespeichert werden können oder mit Hilfe geeigneter Technologien wieder einzufangen sind, also die Atmosphäre im Sinne einer Klimaneutralität nicht mehr belasten. Die EU will dies bis 2050 erreichen, Deutschland hat sich mit 2045 dafür ein noch ehrgeizigeres Ziel gesetzt und mit einem Klimaschutzgesetz verankert und jetzt, als Zweckbindung für die Nutzung eines Sondervermögens, im Grundgesetz festgeschrieben. Nach 2050 sollen sogar Technologien zur Verfügung stehen, die eine negative Treibhausgasbilanz möglich machen. Die politischen Entscheidungsträger konnten sich dabei auf Gutachten berufen, [6], die mit der Annahme hypothetischer Randbedingungen eine nationale Klimaneutralität schon bis 2035 für möglich hielten, [7]. Selbst wenn eine solche regionale Höchstleistung gelänge, hätte dies wenig Auswirkung auf das Weltklima. Nach dem Übereinkommen von Paris wird erst für die zweite Hälfte dieses Jahrhunderts erwartet, dass nur noch anthropogene Prozesse stattfinden, bei denen keine Treibhausgase ausgestoßen oder deren unvermeidbare Emissionen auf natürliche Weise oder durch technische Verfahren so neutralisiert werden, dass diese die Umwelt nicht belasten. In der Klimarahmenkonvention steht die Forderung, dass die Treibhausgaskonzentrationen in der Atmosphäre auf einem Niveau stabilisiert werden, das eine Störung des Klimasystems ausschließt und dies innerhalb eines Zeitraums, der ausreicht, damit sich das Ökosystem an den Klimawandel anpassen kann.

Es gibt inzwischen begründete Aussagen, dass das 1,5 -Grad-Ziel nicht einzuhalten sein wird und die Bemühungen eher darauf ausgerichtet werden sollten, den Temperaturanstieg auf 2 °C zu begrenzen, [8–10]. Weil auch dieses Ziel in Frage gestellt werden muss, gilt es, die Erderwärmung möglichst gering zu halten und sich an eine Klimaveränderung anzupassen. Die Erhöhung der Erdtemperatur um 1,5 °C oder 2 °C stellt keine physikalische Schwelle des Klimawandels dar, doch mit jedem Temperaturzuwachs werden die Risiken von Extremen größer, [9]. Im Abkommen von Paris wird eine Obergrenze für die Erhöhung der Erdtemperatur festgeschrieben, aber damit nicht ausgeschlossen, dass diese nach einer Überschreitung wieder absinken kann. Dazu gibt es eine systematische Erforschung sogenannter Überschreitungspfade, womit zu erwartende Auswirkungen auf den Klimawandel beleuchtet werden sollen, [11].

Tab. 10.1 Prozentuale Veränderungen relevanter Daten gegenüber 1990 – Welt. (Daten: UN [1], World Bank [2], EDGAR [3])

Jahr	Bevölkerung		BIP		Energie		CO_2	
	x 10^3	%	10^{12} USD	%	TWh	%	10^6 t	%
2023	7.867.734	48,27	106,17	361,81	174.892	76,36	39.024	73,31
2022	7.798.450	46,96	101,77	342,67	171.531	72,97	38.522	71,08
2021	7.728.046	45,64	97,85	325,62	165.832	67,22	38.082	69,13
2020	7.656.528	44,29	85,76	273,03	157.819	59,14	35.945	59,63
2019	7.583.938	42,92	88,15	283,43	162.529	63,89	37.825	67,98
2018	7.510.341	41,53	86,88	277,90	161.297	62,65	37.832	68,01
2017	7.435.810	40,13	81,71	255,42	157.691	59,01	36.890	63,83
2016	7.360.430	38,71	76,70	233,62	154.981	56,28	36.256	61,02
2015	7.284.296	37,27	75,47	228,27	154.155	55,45	36.159	60,58
2014	7.207.460	35,83	80,02	248,06	153.876	55,16	36.290	61,17
2013	7.130.014	34,37	77,87	238,71	151.934	53,21	36.167	60,62
2012	7.052.135	32,90	75,71	229,32	149.993	51,25	35.380	57,13
2011	6.974.036	31,43	74,08	222,23	147.433	48,67	34.911	55,04
2010	6.895.889	29,95	66,61	189,73	145.188	46,40	33.848	50,32
2009	6.817.737	28,48	60,81	164,51	137.712	38,86	31.898	41,66
2008	6.739.610	27,01	64,15	179,03	138.711	39,87	32.307	43,48
2007	6.661.637	25,54	58,39	153,98	137.049	38,20	32.113	42,61
2006	6.583.583	24,07	51,82	125,40	133.514	34,63	30.944	37,42
2005	6.506.649	22,62	47,81	107,96	129.721	30,81	29.925	32,90
2004	6.429.758	21,17	44,15	92,04	126.360	27,42	28.847	28,11
2003	6.353.196	19,73	39,18	70,42	121.638	22,66	27.562	22,41
2002	6.276.772	18,29	34,94	51,98	116.834	17,81	26.344	17,00
2001	6.200.003	16,84	33,65	46,37	114.440	15,40	25.939	15,20
2000	6.122.770	15,38	33,86	47,28	113.309	14,26	25.621	13,79
1999	6.044.931	13,92	32,75	42,45	110.753	11,68	24.822	10,24
1998	5.966.465	12,44	31,70	37,89	108.519	9,43	24.643	9,44
1997	5.887.260	10,95	31,76	38,15	108.032	8,94	24.484	8,74
1996	5.807.212	9,44	31,87	38,63	107.578	8,48	24.015	6,65
1995	5.726.239	7,91	31,15	35,49	104.426	5,30	23.558	4,62
1994	5.644.416	6,37	27,94	21,53	101.855	2,71	22.892	1,66
1993	5.561.744	4,81	25,96	12,92	101.147	1,99	22.672	0,69
1992	3.478.009	-34,46	25,53	11,05	100.089	0,93	22.524	0,03
1991	5.392.939	1,63	23,91	4,00	100.182	1,02	22.655	0,61
1990	5.306.425		22,99		99.170		22.517	

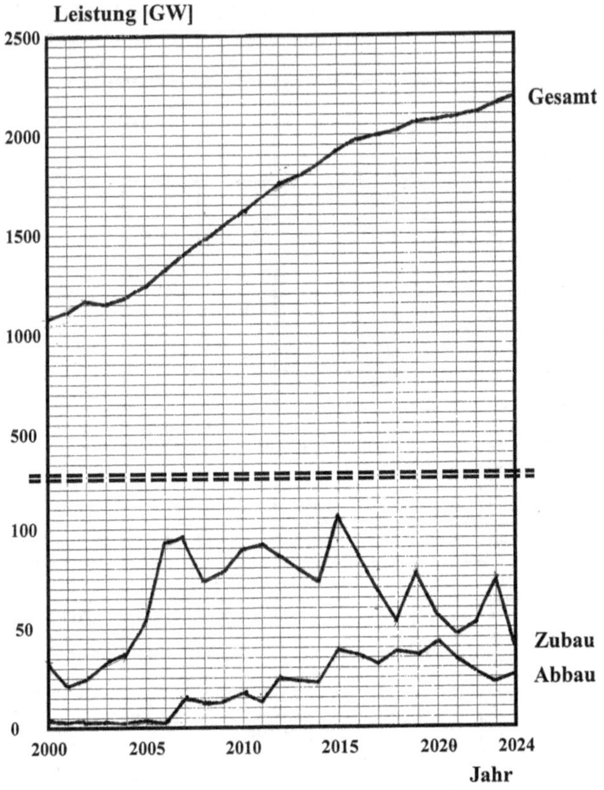

Abb. 10.1 Kohlekraftwerkskapazität – Welt. (Daten: Global energy monitor [5])

Als Folge der weiterhin zunehmenden Weltbevölkerung werden die Herausforderungen für die Bewältigung des Klimawandels immer größer. Die im Wohlstand der Industrieländer Lebenden wollen diesen behalten, die in den Schwellen- und Entwicklungsländern mehr werdenden Menschen wollen bessere Lebensbedingungen erreichen. Welche eklatanten Unterschiede hier noch zu überwinden sind, zeigt sich bei einer Gegenüberstellung des Bruttoinlandprodukts (BIP) der zehn reichsten Länder der Welt gegen das der zehn ärmsten, (Tab. 10.3). Betrachtet man noch die pro Kopf emittierten CO_2-Mengen, dann belegt das die bereits in der Präambel der Klimarahmenkonvention enthaltene Aussage, dass es die reichen Länder sind, welche die Umwelt belasten. Die in den armen Ländern lebenden Menschen, welche mehrheitlich am meisten unter dem Klimawandel leiden, haben nur geringen Anteil an den Treibhausgasemissionen. Das könnte sich mit deren wachsenden sozialen und wirtschaftlichen Ansprüchen ändern. Nach aktuellem Wissensstand müsste die pro Kopf jährlich anfallende Menge deutlich unter einer Tonne liegen, um die angestrebte Klimaneutralität zu erreichen, [13]. Das bedeutet, dass die aktuelle globale

Tab. 10.2 Vergleich Energieversorgung 2023 und 2050. (Daten: IEA [4])

Bezeichnung	Einheit	STEPS		APS		NZE	
		2023	2050	2023	2050	2023	2050
Photovoltaik	10^3 TWh	2,2	23,3	2,2	33,3	2,2	40,3
	%	1,23	11,62	1,23	18,88	1,23	25,72
Windkraft		2,2	12,2	2,2	18,4	2,2	23,9
	%	1,23	6,08	1,23	10,43	1,23	15,25
Wasserkraft		4,2	6,4	4,2	6,9	4,2	7,8
	%	2,36	3,19	2,36	3,91	2,36	4,98
Biomasse		15,3	22,8	15,3	28,1	15,3	27,8
	%	8,58	11,37	8,58	15,93	8,58	17,74
Kernkraft		8,3	13,6	8,3	19,2	8,3	21,7
	%	4,66	6,78	4,66	10,88	4,66	13,85
Erdgas		40,3	42,2	40,3	23,9	40,3	8,6
	%	22,60	21,04	22,60	13,55	22,60	5,49
Erdöl		53,3	48,9	53,3	27,8	53,3	11,1
	%	29,89	24,38	29,89	15,76	29,89	7,08
Kohle		48,6	26,1	48,6	11,1	48,6	4,2
	%	27,26	13,01	27,26	6,29	27,26	2,68
Sonstiges		3,9	5,1	3,9	7,70	3,9	11,30
	%	2,19	2,54	2,19	4,37	2,19	7,21
Gesamtenergieversorgung		178,3	200,6	178,3	176,4	178,3	156,7

Menge von 40 Mrd. t CO_2 auf ein Fünftel zurückgehen müsste. Wenn man sich ins Gedächtnis ruft, wie bei den Klimakonferenzen die Beschlüsse zum Ausstieg aus dem Einsatz fossiler Brennstoffe bisher ausfielen, ist das nicht zu erwarten.

Nach dem Text der Klimakonventionen muss ein Land keine Sanktionen befürchten, wenn es seinen Verpflichtungen nicht nachkommt. Auch die Aufkündigung der Vertragspartnerschaft ist mit geringer Fristsetzung möglich, wie der wiederholte Austritt der USA aus dem Übereinkommen von Paris belegt. Der im Jahr 2025 amtierende amerikanische Präsident hat eine Forcierung der Öl- und Gasförderung angekündigt und er will die Mittel für Dekarbonisierungstechnologien und den Klimaschutz kürzen. Mit diesem Vorgehen ignoriert ausgerechnet das Land mit dem weltweit zweithöchsten CO_2-Ausstoß die internationalen Klimaschutzbemühungen. Das ambitionierte 1,5-Grad-Ziel gerät noch mehr außer Reichweite. Auch andere Annex-Staaten könnten dazu verleitet werden, im Klimaschutz ihre eigenen Wege zu gehen. Wenn die EU ohne den Partner USA agieren muss, werden sich die Kräfteverhältnisse auf den Klimakonferenzen verschieben und sich zum

Tab. 10.3 Gegenüberstellung armer und reicher Länder, 2023. (Daten: EDGAR [3], IWF [12])

Rang	Reiche Länder	BIP/Kopf	CO_2/Kopf	Arme Länder	BIP/Kopf	CO_2/Kopf
		USD	t		USD	t
1	Luxemburg	132.372	11,2	Burundi	246	0,07
2	Irland	114.103	6,5	Sierra Leone	415	0,13
3	Norwegen	101.103	7,7	Südsudan	417	0,34
4	Schweiz	98.797	3,9	Madagaskar	530	0,14
5	Singapur	91.100	9,4	Sudan	534	0,34
6	Katar	83.891	43,5	Zentralafrikanische Republik	539	0,07
7	USA	80.035	13,8	Malawi	580	0,29
8	Island	75.180	8,8	Jemen	618	0,34
9	Dänemark	68.827	4,6	Niger	631	0,11
10	Australien	64.964	14,2	Mosambik	647	0,28

Beispiel der Einfluss der BRICS-Länder stärker bemerkbar machen. Für die internationale Klimafinanzierung ist das Ausbleiben von US-Mitteln ein herber Verlust und es bleibt offen, ob das zuletzt beschlossene Einzahlungsvolumen von 300 Mrd. USD erreicht werden kann. Besonders schwerwiegend wäre die von den USA angedrohte Auflösung der Partnerschaft bei der Klimarahmenkonvention der Vereinten Nationen (UNFCCC) und deren Austritt aus dem Weltklimarat (IPCC).

Die Gründung des, quasi als Dominator der globalen Klimapolitik wirkenden Weltklimarats liegt fast vier Jahrzehnte zurück und seit der Verabschiedung der Klimarahmenkonvention, mit dem die dort genannten entwickelten Länder besonders in die Pflicht genommen wurden, ist eine ähnliche Zeitspanne vergangen. Mit dem darauf beruhenden Kyoto-Protokoll wurden die genannten Staaten (Annex-Länder) zwar zu verbindlichen Treibhausgasreduktionszielen verpflichtet, entsprechend der schleppenden Ratifizierung des Abkommens, kamen die damit vorgegebenen Minderungen der Treibhausgasemissionen nicht durchweg zustande. Um hier Fortschritte zu erzielen und die Aufteilung zwischen Industriestaaten und Entwicklungsländer aufzulockern, wurde den Nationen im Übereinkommen von Paris zugestanden, verbindlichen Emissionsminderungen entsprechend ihrer nationalen Möglichkeiten selbst festzulegen. Dafür gab es aber die klare Zielsetzung für die Begrenzung der Erderwärmung. In zahlreichen Treffen und Veranstaltungen, besonders in den jährlich veranstalteten Klimakonferenzen (COPs) – inzwischen 30 an der Zahl –, wurden Debatten zur Bekämpfung des Klimawandels und zur Anpassung an diesen geführt und von politischen Entscheidungsträgern Beschlüsse gefasst. Dabei zeigte sich, wie stark die nationalen Interessen überwiegen und wie schwierig es ist, kooperatives globales Handeln für den Klimaschutz durchzusetzen. Ohnehin waren Beschlüsse nur in einem Umfang völkerrechtlich verbindlich, wie die Festschreibung in der Rahmenkonvention dazu ermächtigte. Getroffene Vereinbarungen und eingegangene Verpflichtungen machen aber wenig Sinn, wenn deren Einhaltung nicht zwingend ist.

Die mit den ratifizierten Konventionen der UN-Staatengemeinschaft erreichte Entwicklung des Klimaschutzes zeigt, dass ohne eine scharfe Zäsur die gesetzten Ziele, Stopp der Erderwärmung und Klimaneutralität, nicht zu erreichen sind. Als erstes wäre eine Reform der Klimarahmenkonvention fällig, indem die inzwischen hoch industrialisierten und volkswirtschaftlich gewachsenen Länder, wie China, Indien, Brasilien, Südkorea und andere, in die Gruppe der entwickelten Länder (Annex-Länder) aufgenommen werden müssten – zumal, wenn sie maßgebend an der Emission von Treibhausgasen beteiligt sind. An die Stelle personell immer ausufernder Klimakonferenzen (COPs), könnten Treffen treten, die in kleinerer Runde abgehalten werden und eher wirksame Beschlüsse erwarten lassen. Im Lauf der Jahre hat sich mit Berichts- und Nachweisverpflichtungen, Kontroll- und Genehmigungsverfahren eine Bürokratie entwickelt, welche nationale Bemühungen für den Klimaschutz eher hemmt und zu Manipulationen bei den Treibhausgasinventaren verleitet.

Auch der Club of Rome fordert, mit einem offenen Brief, eine Reform der Klimakonferenzen, indem, statt bloßer Verhandlungen, auf die Realisierung konkreter Maßnahmen gedrungen werden soll. Die COP-Konferenzen müssten in kleinere, häufigere und lösungsorientierte Treffen umgewandelt werden. Die Umsetzung der Klimarahmenkonvention sollte durch Mechanismen gestärkt werden, mit welchen die Länder, besonders unter Bezug auf die mit dem Pariser Abkommen gesetzten Ziele und getroffenen Abmachungen, für ihre Klimaverpflichtungen zur Rechenschaft gezogen werden könnten, [14]. Mit Hinweis auf umfangreiche Literatur, wurden UNFCCC-Reformforderungen durch die Befragung von involvierten Interessensgruppen erkundet, [15]. An anderer Stelle wird, mit Schlussfolgerungen und Empfehlungen über die zukünftige Bedeutung und Entwicklung der Klimarahmenkonvention referiert, [16].

Wenn die wissenschaftlichen Erkenntnisse belegen, dass der Anstieg der Erdtemperatur über 1,5 °C nicht mehr aufzuhalten ist und, bei realer Betrachtung sogar eine Begrenzung auf 2 °C in Frage gestellt werden muss, sollte dies offen kommuniziert werden. Eine Kluft zwischen Klimapolitik und Klimazielen ist nicht förderlich. Anstelle eines national geprägten Handelns, welches ein Durchsetzen der Klimakonventionen verhindert, muss von der internationalen Staatengemeinschaft ein solidarisches Vorgehen akzeptiert werden. Die reichen Länder müssen etwas von ihrem Wohlstand abgeben und die armen Länder sollten akzeptieren, dass sich ein solcher nicht erzwingen lässt. Die anhaltenden anthropogenen Störungen des klimatischen Gleichgewichts verlangen pragmatische Maßnahmen zur Mitigation und besonders zur Adaption, um gegen die Widrigkeiten eines Klimawandels gewappnet zu sein.

Literatur

1. UN – Department of Economic and Sozial Affairs
2. World Bank Open Data
3. European Commission: The Emissions Database for Global Atmospheric Research (EDGAR), GHG Emissions of all World Countries
4. IEA – International Energy Agency: World Energy Outlook (WEO 2024)
5. Global Energy Monitor: Coal Plant Tracker
6. Agora: Klimaneutrales Deutschland 2045
7. G. Kobiela et al.:t: CO_2-neutral bis 2035: Eckpunkte eines deutschen Beitrags zur Einhaltung der 1,5-°C-Grenze, Wuppertaler Institut
8. IPCC – Deutsche Koordinierungsstelle: Synthesebericht zum Sechsten IPCC- Sachstandsbericht (AR6), Hauptaussagen aus der Zusammenfassung für politische Entscheidungsträger (SPM)
9. Max-Planck-Gesellschaft: Wie umgehen mit dem 1,5-Grad-Ziel
10. Copernicus Climate Change Service: Global Climate Highlights 2024
11. C.-F. Schleussner et al.: Übermäßiges Vertrauen in die Klimaüberschreitung, Nature 634, S. 366–373
12. IWF – Internationaler Währungsfonds: World Economic Outlook (WEO 2023)
13. UBA- Umweltbundesamt: Wie hoch sind die Treibhausgasemissionen pro Person in Deutschland und wie viel wäre erträglich?
14. Club of Rome: Open Letter on COPreform
15. N. Nasiritousi et al.: Matching supply and demand? Exploring UNFCCC reform options, Earth System Governance, 23 (2025)
16. A. Buylova et al.: The Future oft he UNFCCC, Mistra Geopolitics, Report November 2023